T0064713

بسم الله الرحمن الرحيم

تقرير معلومات
(15)

وكالة الأمم المتحدة لإغاثة وتشغيل اللاجئين الفلسطينيين في الشرق الأدنى (الأونروا)

برامج العمل وتقييم الأداء

رئيس التحرير
د. محسن صالح

نائب رئيس التحرير
عبد الحميد الكيالي

مدير التحرير
ربيع الدنان

هيئة التحرير
باسم القاسم

حياة الددا

صالح الشنّاط

محمد جمّال

قسم الأرشيف والمعلومات

مركز الزيتونة للدراسات والاستشارات

بيروت – لبنان

Information Report (15)

The United Nations Relief and Works Agency for Palestine Refugees in the Near East (UNRWA) Work Programs & Performance Evaluation

Prepared By:
Information Department, Al-Zaytouna Centre

Editor:
Dr. Mohsen Moh'd Saleh

Deputy Editor:
'Abdul-Hameed al-Kayyali

Managing Editor:
Rabie el-Dannan

بيروت – لبنان

ISBN 978-9953-500-40-9

مركز الزيتونة للدراسات والاستشارات
ص.ب: 14-5034، بيروت – لبنان
تلفون: 44 36 80 1 961+
تلفاكس: 43 36 80 1 961+
بريد إلكتروني: info@alzaytouna.net
الموقع: www.alzaytouna.net

تصميم الغلاف
مروة غلاييني

طباعة
Golden Vision sarl +961 1 820434

الأونروا

فهرس المحتويات

المقدمة 5

أولاً: الأونروا: التأسيس والبرامج والوضع الدولي: 7

1. تأسيس الأونروا، والوضع القانوني والدولي للوكالة 7

2. برامج الأونروا ومناطق عملها 9

ثانياً: تمويل الأونروا: 12

1. الدول المانحة للأونروا 12

2. آلية الدفع وشروط الدعم 15

3. الدعم العربي للأونروا 17

4. الموازنات والعجز 20

ثالثاً: واقع خدمات الأونروا في مناطق عملها: 26

1. الضفة الغربية وقطاع غزة: 30

أ. الضفة الغربية 31

ب. قطاع غزة 32

2. الأردن 33

3. لبنان 35

4. سورية 36

5. تعامل الدول المضيفة مع الأونروا 38

3

رابعاً: الأونروا: تقييم الأداء وتحديات المستقبل: 40

1. تقييم أداء الأونروا 40

2. دور الأونروا بعد اتفاقات أوسلو 47

الخاتمة 58

المقدمة

أدى قيام "إسرائيل" سنة 1948 إلى أزمة إنسانية قلّ نظيرها في التاريخ؛ تمثل أهم فصولها في طرد مئات الآلاف من السكان الأصليين، وتحويلهم إلى لاجئين في الدول العربية المحيطة بفلسطين؛ فضلاً عن توجه قسم منهم نحو الضفة الغربية وقطاع غزة، التي لم تكن قد احتلت بعد. هذا الوضع الإنساني الخطير دفع الجمعية العامة للأمم المتحدة إلى إنشاء وكالة الأمم المتحدة لإغاثة وتشغيل اللاجئين الفلسطينيين في الشرق الأدنى (الأونروا) The United Nations Relief and Works Agency for Palestine Refugees in the Near East (UNRWA) في 1949/12/8.

هدفت الأمم المتحدة من إنشاء وكالة الأونروا إلى تأمين المساعدات الطارئة للاجئين الفلسطينيين من ملجأ، وغذاء وخدمات صحية أساسية، على اعتبار أنّ أزمة اللاجئين الفلسطينيين ستكون قضية عابرة. إلا أن امتداد فترة اللجوء، وانتشار مخيمات اللاجئين في عدد من الدول العربية، أدى إلى تشعب عمل الأونروا خاصة بعد ازدياد أعداد اللاجئين بسبب التكاثر الطبيعي للولادات، وكذلك بسبب احتلال "إسرائيل" للضفة الغربية وقطاع غزة سنة 1967؛ مما أدى إلى لجوء أعداد أخرى من الفلسطينيين. وفي ضوء هذا الواقع تُطرح العديد من التساؤلات حول مستقبل هذه الوكالة، وإلى أي مدى يمكن أن تتأقلم مع التغيرات الناتجة عن تقدم أو تراجع العملية السلمية، في ظلّ الحديث عن تسوية قضية اللاجئين.

وانطلاقاً من أهمية الموضوع اختار قسم المعلومات والأرشيف في مركز الزيتونة للدراسات والاستشارات أن يتناول في التقرير الخامس عشر من سلسلة تقارير المعلومات وكالة الأونروا. ويسلط هذا التقرير الضوء على تأسيس وكالة الأونروا، وبرامج عملها والمناطق التي تغطيها، مبيناً مصادر تمويل الوكالة وآلية الدفع، وصولاً إلى قيمة الموازنات والعجز الحاصل فيها. كما يعرض التقرير لواقع خدمات الأونروا

في مناطق عملها. ومن ثم يقيّم أداء الأونروا، ويتوقف عند انعكاسات اتفاقات أوسلو Oslo Agreements على دور الأونروا، وما نتج عنها من تحديات مستقبلية لطبيعة عملها في ضوء التراجع الملحوظ في الخدمات التي تقدمها للاجئين.

أولاً: الأونروا: التأسيس والبرامج والوضع الدولي

1. تأسيس الأونروا، والوضع القانوني والدولي للوكالة:

أنشأت الجمعية العامة للأمم المتحدة وكالة الأونروا بموجب القرار رقم 302 الصادر عنها في 1949/12/8، إلا أنها لم تباشر عملها إلا في أيار/ مايو 1950، وذلك لتأمين المساعدات الطارئة للاجئين الفلسطينيين من ملجأ، وغذاء وخدمات صحية أساسية وغيرها، على اعتبار أن أزمة اللاجئين الفلسطينيين ستكون قضية عابرة[1]. وفي ضوء غياب حلّ لمشكلة اللاجئين الفلسطينيين، تقوم الجمعية العامة بالتجديد المتكرر لولاية الأونروا، ويمتد آخر تجديد حتى 2011/6/30[2].

إلا أن استمرار أزمة اللاجئين الفلسطينيين طوال هذه المدة انعكس على نوعية الخدمات التي تقدمها الأونروا للاجئين، لتشمل لاحقاً التعليم وبرامج التنمية، وغيرها من المجالات الرامية إلى الاستثمار في التنمية البشرية، وفي الرأسمال الإنساني، اللذين حققا نجاحاً ملفتاً على صعيد إنجازات المنظمة[3].

توفر الأونروا المساعدة لحوالي 4.7 مليون لاجئ فلسطيني مسجل لديها في منطقة الشرق الأوسط[4]. ويتم تمويل الأونروا بالكامل تقريباً من خلال التبرعات الطوعية التي تقدمها الدول الأعضاء في منظمة الأمم المتحدة[5]. واستناداً إلى ما جاء في القرار 302، فإن وكالة الأونروا نشأت:

أ. للتعاون مع الحكومات المحلية في مجال الإغاثة المباشرة وبرامج التشغيل، بحسب توصيات بعثة المسح الاقتصادي.

ب. للتشاور مع الحكومات المهتمة في الشرق الأوسط، في التدابير التي تتخذها هذه الحكومات تمهيداً للوقت الذي تصبح فيه المساعدة الدولية للإغاثة ولمشاريع الأعمال غير متاحة[6].

ونظراً لكون الأونروا أنشئت، استناداً للمادة 22 من ميثاق الأمم المتحدة، بوصفها جهازاً تابعاً للأمم المتحدة فإن صلاحياتها ومهامها لم تحدد بشكل واضح ودقيق، بخلاف غيرها من المنظمات الدولية المنبثقة عن معاهدات دولية، مثل مفوضية الأمم المتحدة لشؤون اللاجئين، الأمر الذي منح الجمعية العامة سلطة تعديل مهامها بما يتلاءم مع الحاجات المتغيرة للاجئين الفلسطينيين.[7]

وبما أن الترويج والتشجيع على احترام حقوق الإنسان والحريات الأساسية هي من المهام الأساسية للأمم المتحدة، فإنه ليس من المستغرب أن تقوم الأونروا بمهمات جديدة تدخل ضمن هذا الإطار من أجل تأمين سلامة وأمن اللاجئين الفلسطينيين وضمان حقوقهم لا سيّما في الأراضي الواقعة تحت الاحتلال الإسرائيلي.

وبالاستناد إلى أن معظم الخدمات التي تقدمها الأونروا تدخل في إطار "المساعدة"، حيث لم تخصصها الجمعية العامة بصلاحية تقديم الحماية للاجئين الفلسطينيين، إلا أنّ ذلك لم يمنعها طوال سنوات عملها من تطوير بعض المبادرات التي تهدف إلى تقديم شكل من أشكال حماية اللاجئين الفلسطينيين، حيث أسهمت في تأمين بعض الحقوق الأساسية لهم، خاصة من خلال العمليات الطارئة، التي قدمتها لمئات الآلاف من اللاجئين الفلسطينيين، في أوقات الحروب وغيرها، الأمر الذي أثار التساؤل حول مدى تكريس دورها صراحة في مجال حماية اللاجئين.[8]

وفي هذا المجال، يُذكر أن المفوض العام للأونروا كان قد وضع، استناداً لقرار مجلس الأمن رقم 1990/681، خطة قانونية تهدف إلى مساعدة الفلسطينيين في الأراضي المحتلة ومراقبة أوضاعهم تحت الاحتلال، الأمر الذي جعل من الأونروا المراقب الرسمي لتطبيق معاهدة جنيف الرابعة Geneva Conventions، باعتبار أنها المرة الأولى التي تخول فيها مراقبة أوضاع الفلسطينيين "UN's eyes and ears".[9]

وإذا كان المجتمع الدولي قد دعم مبادرات الأونروا التي تهدف إلى تقديم شكل من أشكال الحماية للاجئين الفلسطينيين، إلا أنه فشل في استصدار قرارات عن مجلس الأمن ترمي إلى إرسال قوة دولية إلى الأراضي المحتلة سنة 1967، كما أن الولايات المتحدة الأمريكية أعلنت في رسالة الضمانات إلى "إسرائيل" والفلسطينيين لإطلاق المفاوضات في مؤتمر مدريد Madrid Conference سنة 1991، بأنها لن تدعم أي عملية موازية تخص القضية الفلسطينية في مجلس الأمن[10].

وعلى الرغم من أهمية الدور الذي تقوم به الأونروا في سبيل مساعدة اللاجئ الفلسطيني، غير أنه يؤخذ عليها التعريف الضيق الذي اعتمدته لتعريف هذا اللاجئ، لأنه استثنى الكثير من اللاجئين الفلسطينيين المحتاجين إلى المساعدة، خصوصاً أولئك المقيمين في غير مناطق عملها الخمس (قطاع غزة – الضفة الغربية – لبنان – الأردن – سورية)، مستندة في ذلك إلى أسباب سياسية وعملية دون أية معايير قانونية. لكن الأونروا لجأت أحياناً وبشكل استثنائي إلى توسيع صلاحياتها استناداً إلى قرارات الجمعية العامة، ولا سيّما القرار رقم 2252 بتاريخ 1967/7/4، ومن خلال إرسال بعثات إلى دول واقعة خارج نطاق عملها كالكويت على سبيل المثال، الأمر الذي أسهم نوعاً ما بإزالة التمييز الذي أوجده تعريف الأونروا فيما بين اللاجئين الفلسطينيين[11]. غير أن هذا الأمر كان مؤقتاً ومحدوداً، إذ سرعان ما رجعت الأونروا إلى ممارسة عملها في المناطق الخمس فقط.

2. برامج الأونروا ومناطق عملها:

تقدم الأونروا خدماتها لما يزيد عن 4.7 مليون لاجئ فلسطيني مسجلين في خمس مناطق عمل هي: قطاع غزة، وسورية، والأردن، ولبنان، والضفة الغربية؛ ويعيشون في 58 مخيماً رسمياً للاجئين[12].

إن خدمات الأونروا في مجال التنمية البشرية وفي المجال الإنساني تشتمل على التعليم الأساسي والمهني، والرعاية الصحية الأولية، وشبكة الأمان الاجتماعي،

والدعم المجتمعي، وتحسين المخيمات وبنيتها التحتية، والإقراض الصغير، والاستجابة الطارئة، بما في ذلك في أوقات النزاعات المسلحة. ويتم تقديم تلك الخدمات ضمن برامج خمسة هي[13]:

أ. **التعليم**: تقوم الأونروا بإدارة أكبر نظام مدرسي غير حكومي في الشرق الأوسط، ودأبت الوكالة على أن تكون المزود الرئيسي للتعليم الأساسي للاجئين الفلسطينيين منذ ستين سنة. ويعدّ التعليم أكبر البرامج التابعة للأونروا، وهو يستحوذ على أكثر من نصف الميزانية العادية للوكالة[14].

ب. **الصحة**: تقوم الأونروا بتقديم خدمات الصحة الأساسية، وهي مسؤولة عن توفير بيئة معيشية صحية للاجئين الفلسطينيين، ويحكمها في ذلك الأهداف الإنمائية للألفية الخاصة بالصحة، وبمعايير منظمة الصحة العالمية World Health Organization. وتهدف الأونروا من خلال هذه الخدمات المحافظة على حياة اللاجئ، ومنع الأمراض والسيطرة عليها، وحماية وتعزيز صحة العائلة، وضمان إمكانية الوصول العالمي لخدمات نوعية شاملة[15].

ج. **الإغاثة والخدمات الاجتماعية**: يقدم برنامج الإغاثة والخدمات الاجتماعية تشكيلة متعددة من خدمات الحماية الاجتماعية المباشرة وغير المباشرة في مناطق عمليات الوكالة الخمس. وتركز الدائرة على تزويد اللاجئين الفلسطينيين الذين يعانون من الفقر بمساعدة شبكة الأمان الاجتماعي على أساس دوري، وتعزيز التنمية والاعتماد على الذات للأفراد الأقل حظاً في مجتمع اللاجئين، والمحافظة على سجلات ووثائق اللاجئين الفلسطينيين المسجلين، وتحديثها وصيانتها[16].

د. **التمويل الصغير**: تعمل دائرة الإقراض الصغير في الأونروا على تعزيز التنمية الاقتصادية، ومكافحة الفقر بين أوساط اللاجئين الفلسطينيين. إن هذه القروض تمكن أصحاب تلك المشاريع من توليد دخول مستدامة لأنفسهم

ولعائلاتهم وموظفيهم، والذين ينتمي الكثير منهم لأكثر الشرائح فقراً في المجتمع[17].

هـ. البنية التحتية وتطوير المخيمات: يقوم برنامج البنية التحتية وتحسين المخيمات على إدخال تحسينات على البيئة المادية والاجتماعية في مخيمات اللاجئين التابعة للأونروا[18].

وعلى الرغم من الخدمات التي تقدمها الأونروا في هذا المجال فإن واقع الخدمات الصحية والبنية التحتية يبقى في كثير من المخيمات الفلسطينية دون الحد الأدنى، حيث تعاني الكثير من المخيمات الفلسطينية، خاصة في لبنان، ظروفاً بيئية وصحية صعبة، إذ توصف معظمها بأنها "غير ملائمة للعيش البشري" في ضوء تزاحم المساكن وعشوائيتها وعدم تهويتها؛ فضلاً عن عدم تغطية الأونروا في كثير من الحالات لأجور الطبابة والعمليات خارج عيادتها الطبية.

ثانياً: تمويل الأونروا

1ـ الدول المانحة للأونروا:

يأتي معظم التمويل للأونروا من تبرعات طوعية من الدول المانحة، وأكبر المانحين للأونروا هي الولايات المتحدة الأمريكية، والمفوضية الأوروبية، والمملكة المتحدة، والسويد؛ كما تتوفر بعض التبرعات البسيطة من منظمات غير حكومية ومن بعض الأفراد. وتقوم الأمانة العامة للأمم المتحدة من ميزانيتها العادية بتمويل 119 وظيفة دولية، في حين تقوم منظمة الأمم المتحدة للتربية والعلم والثقافة (اليونسكو) United Nations Educational, Scientific and Organization (UNESCO) ومنظمة الصحة العالمية بتمويل وظائف تابعة لبرامج التعليم والصحة[19].

تُعدّ الولايات المتحدة الأمريكية أكبر دولة مانحة تليها المفوضية الأوروبية، حيث بلغ حجم المساعدات المالية الأمريكية والمساهمات الإنسانية المقدمة للأونروا في الفترة الواقعة بين 1948-1967 ما يقارب 411 مليون دولار، أي ما يقارب 65% من مجموع ميزانيات الوكالة الدولية للفترة المذكورة[20]؛ فيما بلغ حجم مساعداتها في سنة 2009 ما يقارب 102.5 مليون دولار، من قيمة التبرعات البالغة حوالي 470.5 مليون دولار[21]، أي حوالي 22% من ميزانية الوكالة. وبلغ مجموع المساعدات الأمريكية للأونروا منذ سنة 1950 وحتى سنة 2007 حوالي 3.2 مليار دولار تقريباً[22].

وفي سنة 2008 كانت المفوضية الأوروبية هي الجهة المانحة الأكبر، تلتها الولايات المتحدة[23]. أما من حيث تناسب التبرعات مع معدل الناتج المحلي الإجمالي للفرد، فإن الدول الاسكندينافية وكندا وهولندا تأتي في المقدمة[24].

تقدم معظم الدول المانحة تبرعاتها بالعملات المحلية التي تنخفض قيمتها، في معظم الأحيان، مقابل الدولار الأمريكي؛ وهذا ما حدث في سنة 2000، على سبيل

المثال، عندما انخفضت العملات الأوروبية مقابل الدولار الأمريكي، مما أدى إلى خسارة الأونروا جزءاً من تمويلها، لأن ميزانيتها ومصروفاتها تحسب بالدولار. والدول الوحيدة التي تقدم تبرعاتها بالدولار الأمريكي هي الولايات المتحدة واليابان والكويت والمملكة العربية السعودية؛ أما باقي الدول المانحة فإنها تدفع تبرعاتها بعملاتها المحلية؛ هذا عدا عن أن حجم التبرعات المقدمة للوكالة لا يتناسب مع النمو السكاني الطبيعي للاجئين الفلسطينيين[25].

ولا يوجد للأونروا ميزانية ثابتة، ويرجع ذلك إلى أنه عندما تمّ تأسيس الأونروا كوكالة مؤقتة، رأت الأمم المتحدة والدول الأعضاء أنه من صالح الأونروا واللاجئين أن تقوم الوكالة بجمع تبرعات طوعية غير محددة من الدول الأعضاء، ومع ذلك تقوم الأمم المتحدة بتمويل كافة الوظائف الدولية لدى الأونروا[26].

وتنظم الأونروا مؤتمراً دولياً سنوياً للدول المانحة والمضيفة للاجئين الفلسطينيين[27]. وتعدّ الوكالة الوحيدة التابعة للأمم المتحدة التي لها ميزانية مستقلة، وتأتي أوجه إنفاق أموال الأونروا على الشكل التالي:

• 54% لبرامج التعليم.
• 18% لبرامج الصحة.
• 18% للخدمات المشتركة والخدمات التشغيلية.
• 10% لبرامج الإغاثة والخدمات الاجتماعية[28].

ويتبين من خلال الجدول التالي قيمة المساعدات التي تقدمها الدول المانحة للأونروا، ويتناول سنة 2009 مع توقعات مساهمات تلك الدول لسنة 2010، وذلك بحسب تقدير وكالة الأونروا نفسها:

جدول رقم (1): الإيرادات المتوقعة للصندوق العام حسب المانحين، لسنتي 2009 و2010[29]
(بالألف دولار)

2010	2009	الجهة المانحة
102,764	102,464	الولايات المتحدة
92,827	100,990	المفوضية الأوروبية
36,244	32,949	المملكة المتحدة
39,254	36,142	السويد
23,310	38,850	النرويج
19,400	19,400	الأمم المتحدة
21,097	19,685	هولندا
13,010	13,010	كندا
13,225	13,848	الدانمرك
11,252	11,252	إسبانيا
11,252	10,687	ألمانيا
6,394	6,394	فرنسا
7,380	7,042	سويسرا
4,219	4,082	إيطاليا
4,923	4,611	فلندا
5,345	5,007	أيرلندا
4,187	4,187	استراليا
3,868	3,638	لكسمبورغ
2,850	2,850	اليابان
1,828	1,828	بلجيكا
1,800	1,800	السعودية
1,500	1,500	الكويت
1,055	1,055	النمسا
646	577	نيوزيلندا
7,010	5,506	مانحون آخرون
5,000	5,000	إيرادات أخرى
16,000	16,000	المسترد من تكاليف دعم البرامج
457,340	470,354	المجموع الكلي

وتكتسي تعبئة الموارد أهمية حاسمة للأونروا، فقاعدة مانحي الوكالة ضيقة، حيث أسهم المانحون الخمسة عشر الأوائل بأكثر من 94% من ميزانيتها العادية لسنة 2009؛ وبالإضافة إلى ذلك، تُبيّن مقارنة أداء المانحين العشرة الأوائل في الفترة ما بين 2001 و2009 أن خمسة مانحين لا غير قد زادوا من مساهماتهم خلال هذه الفترة. وأبقى المانحون الآخرون إسهاماتهم عند مستوياتها أو خفضوها. وقد حدث هذا في وقت زادت فيه التوقعات من الوكالة والطلبات على خدماتها لتلبية احتياجات أعداد متزايدة من اللاجئين ومراعاة معايير تتماشى وتلك المعمول بها لدى السلطات المضيفة فضلاً عن التعامل مع تحدي تقديم الخدمات في منطقة متقلبة جداً[30].

2. آلية الدفع وشروط الدعم:

أدت جملة من الأسباب فيما يخص علاقة الأونروا بالدول المانحة إلى إيجاد جو من عدم الثقة بين الطرفين بدا واضحاً خلال التسعينيات من القرن الماضي، ويمكن تلخيص هذه الأسباب في النقاط التالية:

أولاً: المشاركة الضعيفة للمانحين في عملية التخطيط للأونروا.

ثانياً: نقص الشفافية في نظم الإدارة المالية الخاص بالأونروا.

ثالثاً: فشل الوكالة في تقديم البيانات الدقيقة واللازمة من قبل الجهات المانحة في الوقت المناسب أسهم في إيجاد شعور من عدم القدرة على المساهمة، فضلاً عن شعور عام من عدم الثقة[31].

تحظر العبارة الأخيرة من الفقرة 301 (ج) من قانون مساعدات الولايات المتحدة الخارجية لسنة 1961، استخدام الأموال الأمريكية لتمويل أي لاجئ "يتورط في أي عمل إرهابي". وتعدّ هذه العبارة الأكثر وضوحاً، وربما الأسهل تطبيقاً ودعماً لسياسة الولايات المتحدة. وخضعت مسألة الهبات الأمريكية

للأونروا طوال نصف قرن، للفقرة 301 (ج) لسنة 1961. حيث ورد في أحدث صيغة للقانون ما يلي:

> لن تقوم الولايات المتحدة بتقديم أي إسهامات مالية لوكالة غوث وتشغيل اللاجئين الفلسطينيين – الأونروا، قبل أن تقوم الوكالة باتخاذ كافة التدابير الممكنة لضمان عدم استخدام أي جزء من المساعدات الأمريكية لتقديم المساعدة إلى أي من اللاجئين الذين يتلقون التدريب العسكري بصفتهم أعضاء فيما يسمى جيش تحرير فلسطين، أو غيره من المنظمات التي تتخذ شكل ميليشيات مسلحة أو المنظمات المنخرطة في أي شكل من أشكال الأعمال الإرهابية[32].

وعلى الرغم من موافقة الأونروا على هذه الشروط، إلا أن وزارة الخارجية الأمريكية فسرت متطلبات الإيفاء بها بطريقة مرنة. ومن هنا لم تجد الأونروا نفسها مضطرة للتحقيق في شأن ملايين من اللاجئين الفلسطينيين. غير أن الولايات المتحدة عندما كانت تحث الأونروا على اتخاذ إجراءات بشأن الإرهاب، تعاملت الأونروا مع طلباتها على محمل الجد[33].

ومن جهتها أعلنت كندا في كانون الثاني/ يناير 2010 عزمها وقف الدعم المالي الذي تقدمه إلى ميزانية الوكالة، وتحويل تلك الأموال مباشرة إلى مشاريع فلسطينية أخرى في الضفة الغربية وقطاع غزة. وادعت الحكومة الكندية، بحسب جريدة ناشيونال بوست الكندية National Post، أن الأموال التي تقوم بتحويلها للأونروا يتم تخصيصها لدعم المقاومة بدلاً من اللاجئين الفلسطينيين كما هو مقرر[34]. غير أن جرام مكنتير Graeme McIntyre، ممثل الحكومة الكندية لدى السلطة الفلسطينية، نفى في 2010/3/2 أن تكون حكومة بلاده أوقفت تقديم المساعدات إلى الأونروا[35].

ومن ناحية أخرى خضع تعيين الموظفين في وكالة الأونروا إلى عدة شروط أهمها: عدم ممارسة الموظف التابع لها لأي نشاط سياسي يتناقض مع حيادية الوكالة، واستقلاليتها، في حين يسمح له بالمشاركة السياسية في بلاده من خلال ممارسته حق

التصويت الانتخابي، كما يجب ألا يكون عضواً في أي جهاز حكومي لأي دولة، وذلك بهدف منع أي تعارض أو تأثير على السياسيات الداخلية والخارجية للوكالة، من خلال انتماءات موظفيها السياسية والأيديولوجية[36].

3. الدعم العربي للأونروا:

لعله من المؤسف أن نعلم أن الدول العربية تُعدّ من أقل دول العالم إسهاماً في نشاطات الأونروا من حيث الدعم المالي؛ إذ يبلغ مجموع التبرعات العربية للوكالة 1.9% من إجمالي تبرعات الدول المانحة[37].

تقول كارين أبو زيد Karen Abu Zayd المفوضة العامة السابقة للأونروا، إن الجامعة العربية لديها قرار بأن الدول العربية ينبغي أن تمنح الأونروا 7.8% من ميزانيتها، إلا أن هذا لم يحدث إلا مرة واحدة منذ صدوره. ويتضح من الميزانية العامة للوكالة، أن التمويل العربي بلغ 1% فقط في سنة 2008[38].

تبنت الجامعة العربية، وعلى مدى العقود الستة الماضية، قرارات متعددة في دعم اللاجئين الفلسطينيين وحقهم في العودة والتعويض. وأكد مجلس وزراء الخارجية العرب على دعمه للأونروا في قراره رقم 7079 الصادر في 2009/3/3 في الدورة الاعتيادية للمجلس (132)، والذي نص على:

الترحيب بزيادة بعض الدول العربية مساهماتها في دعم موازنة الأونروا، ودعوة باقي الدول إلى زيادة دعمها وزيادة نسبة مساهمتها في ميزانية الأونروا بنسبة 7.83%، وذلك تفعيلاً لقرارات متعددة صدرت عن مجلس الجامعة في عدة دورات منذ سنة 1987، ودعوة الهيئات الرسمية وغير الحكومية إلى الاستمرار في دعم برنامج الأونروا الاعتيادية والطارئة[39].

وكانت الدول العربية المانحة تستجيب للنداءات الطارئة ونداءات تمويل المشاريع، ففي سنة 2009 تعهدت البلدان العربية لأنشطة الأونروا بمبلغ يصل إلى 106.83 مليون دولار. وأتت أكبر مساهمة من الكويت، التي تبرعت بـ 34 مليون دولار لصالح نداء

غزة الطارئ. تلا ذلك تعهد المملكة السعودية بمبلغ 25 مليون دولار لإعادة إعمار مخيم نهر البارد في لبنان. كما تلقت الوكالة أيضاً ما قيمته 29 مليون دولار من التبرعات العينية، التي تمّ إيصالها إلى قطاع غزة من خلال الهيئة الخيرية الأردنية الهاشمية[40].

وتشير الأونروا إلى بعض الدول العربية التي لبت النداءات الطارئة ونداءات تمويل المشاريع[41]، وهي:

البحرين: في أعقاب العدوان الإسرائيلي على قطاع غزة (2008/12/27-2009/1/18)، تعهدت البحرين بمبلغ 5.4 مليون دولار لدعم مشاريع الإعمار في القطاع. تمثل الاتفاقية أول تبرع كبير تقدمه البحرين للأونروا؛ غير أن تنفيذها متوقف بسبب الحصار الإسرائيلي على قطاع غزة الذي يمنع إدخال مواد البناء.

مصر: بنت مصر روابط جيدة مع الأونروا بعد فترة وجيزة من بدء الوكالة عملها سنة 1950. وتعاونت مصر مع الأونروا، خلال 17 سنة من إدارتها لقطاع غزة، لتقديم المساعدات للاجئي فلسطين الذين يقيمون في القطاع. وتولت مصر في سنة 2009 رئاسة اللجنة الاستشارية للأونروا. كما أقامت الأونروا شراكة قوية مع الهلال الأحمر المصري، الذي ساعد الوكالة بشكل متكرر في نقل آلاف الأطنان من المعونات الإنسانية إلى القطاع.

الكويت: تعد الكويت شريكاً ثابتاً للأونروا، وقد أسهمت بأكثر من 30 مليون دولار في الصندوق العام للوكالة منذ تأسيسها.

سلطنة عمان: بدأت عمان المساهمة في الصندوق العام للأونروا سنة 1971. وإلى جانب المساهمة في الصندوق العام، مهدت سلطنة عمان الطريق لإعادة إعمار مخيم نهر البارد من خلال تبرعها بمبلغ سبعة ملايين دولار للحكومة اللبنانية لكي تمكنها من تعويض المالكين اللبنانيين عن مصادرة أراضيهم المتواجدة في المخيم.

قطر: في أعقاب العدوان الإسرائيلي على قطاع غزة 2009/2008، كانت قطر من أوائل البلدان العربية التي استجابت لنداءات الأونروا الطارئة لصالح قطاع غزة،

حيث تبرعت بمبلغ 10 ملايين دولار، من خلال جمعية قطر الخيرية. كما تعاونت الأونروا أيضاً مع جمعية الهلال الأحمر القطري لتقديم تبرعات عينية للاجئين في الأراضي المحتلة بقيمة تزيد عن مليون دولار.

السعودية: تعد السعودية من الداعمين الثابتين للأونروا، حيث أسهمت بأكثر من 165 مليون دولار في الصندوق العام للوكالة منذ تأسيسها. كما أن السعودية تنشط في عضوية اللجنة الاستشارية للوكالة وتشغل منصب نائب الرئيس منذ حزيران/يونيو 2009. وإلى جانب المساهمات المنتظمة في الصندوق العام، تعهد الصندوق السعودي للتنمية التابع للحكومة بمبلغ 44 مليون دولار لمختلف مشاريع الأونروا منذ 1994. وتعهد الصندوق بمبلغ 25 مليون دولار للمساهمة في إعمار مخيم نهر البارد، مما يجعله أكبر المساهمين العرب في المشروع حتى آخر سنة 2009. وتعهدت المملكة أيضاً بما يقارب 39 مليون دولار لإسكان الأسر الفلسطينية اللاجئة في رفح، وهو مشروع آخر متوقف بسبب الحصار الإسرائيلي على قطاع غزة. واستفادت الوكالة، عبر السنوات، من دعم مختلف الهيئات الخيرية والمنظمات المتواجدة في السعودية.

الإمارات العربية المتحدة: تبرعت الإمارات العربية المتحدة من خلال مؤسساتها الحكومية وجمعياتها الخيرية بملايين الدولارات لصالح الأونروا. وقد يكون التبرع الأبرز هو الذي قدمه الهلال الأحمر الإماراتي لإعمار وتأهيل مخيم جنين سنة 2002. فحتى ذلك الوقت، كان التبرع المقدم بقيمة 22.3 مليون دولار أكبر مبلغ تتبرع به جهة واحدة لصالح مشروع. وقد تمت الاستفادة من هذا المبلغ لإعادة بناء مخيم جنين، الذي شكل أكبر مشروع إعمار تولته الأونروا حتى تاريخه. وكان مشروع جنين بمثابة نقطة تحول في الشراكة التي تجمع بين الهلال الأحمر الإماراتي والأونروا. كما تعاونت الأونروا مع الهلال الأحمر الإماراتي في عدة مشاريع كبيرة في مناطق عمل الوكالة، مثل إعمار مخيم النيرب في سورية، وبناء وترميم المساكن للاجئين في لبنان[42].

4. الموازنات والعجز:

تتمثل أكبر التحديات التي تواجه الأونروا في عدم إيفاء الدول المانحة، وعلى رأسها الولايات المتحدة الأمريكية للالتزامات المترتبة عليها، وتحويلها إلى التزامات مشروطة تتفق مع سياساتها واستراتيجياتها. كما دلل على ذلك قانون المساعدات الخارجية الأمريكية لسنة 1961، المبين سابقاً. وهناك تحدٍّ آخر يواجه الأونروا ويتعاظم، وهو التزايد المطّرد في أعداد اللاجئين المسجلين في الأونروا لأنه يزيد من أعبائها ومهامها، الأمر الذي ينبغي معه زيادة موازنتها وحجم المساعدات المقدمة لها[43].

وحول الميزانية السنوية للأونروا تقول كارين أبو زيد:

> الخدمات الأساسية أو الأنشطة الأساسية والتي نسميها "التمويل العام" والتي تشمل التعليم والرعاية الصحية والخدمات الاجتماعية والبنية التحتية والقروض الصغيرة، ميزانيها 500 مليون دولار سنوياً. وبإضافة ميزانية خدمات الطوارئ في لبنان والضفة وقطاع غزة يكون إجمالي ميزانيتنا السنوية مليار دولار. لكننا لا نحصل على كل هذا المبلغ. هناك عجز بنحو 100 مليون دولار، وهذا، مثلاً، يعطل أنشطة مثل تحسين البنية التحتية، وهي مسألة ملحة جداً بعد نحو 50 عاماً على بنائها [أي وكالة الأونروا]. كما لا نحصل على ميزانية كافية لأنشطتنا الطارئة، لكن ما يثير قلقنا أكثر هو عدم حصولنا على أموال تكفي لتغطية أنشطتنا الأساسية مثل التعليم والرعاية الصحية[44].

ويؤكد روجر هيرن Roger Hearn مدير شؤون وكالة الأونروا في سورية أنه:

> لا توجد لدى الأونروا مصادر التمويل الكافية، ما يجعل من الصعب إنجاز مشروعاتها في تقديم الخدمات للاجئين الفلسطينيين، وهذا الأمر يدفعها للاختيار بين موضوعين أساسيين وهما: إما تخفيض الخدمات المقدمة أو

تأمين أموال أكثر للميزانية، من خلال زيادة نسبة مشاركة المتبرعين الحاليين، وتأمين متبرعين جدد، لا سيّما أن البنية التحتية تحتاج لكثير من الدعم والتأهيل، لأن نسبة 80% من التمويل العام والميزانية في وكالة الأونروا مخصصة للرواتب[45].

وفي السياق ذاته بينت نائب المدير العام للأونروا في سورية ليزا جليام Lisa Gilliam أن الوكالة تعاني عجزاً قياسياً في سنة 2010، وذلك بسبب آثار الأزمة المالية في العالم. وأن سنة 2010 ستكون أكثر سوءاً، حيث توقعت عجزاً يناهز 40 مليون دولار. ولفتت النظر إلى أن هناك مساعي تُبذل مع شركاء الأونروا من الدول المضيفة والدول المانحة القوية، وذلك للحصول على تمويل إضافي[46].

ولضمان الاستفادة بأكثر الطرق فعالية من الموارد المحدودة المتاحة لجمع الأموال، وضعت الأونروا استراتيجية لتعبئة الموارد لتوجيه جهودها ومواردها خلال السنتين 2010 و2011. وتتمثل أهداف هذه الاستراتيجية فيما يلي:

- زيادة إسهامات المانحين للصندوق العام للوكالة لتحقيق الأهداف التي حددتها الميزانية العادية.

- إضفاء قدر أكبر من القابلية للتنبؤ على تمويل أنشطة الأونروا عن طريق الأخذ باتفاقات التمويل المتعددة السنوات.

- توسيع قاعدة المانحين في القطاعين الحكومي وغير الحكومي، بمن فيهم المانحون من الشرقين الأدنى والأوسط.

- البحث عن مصادر بديلة للموارد البشرية لسد الفجوات في ملاك الموظفين الدوليين للوكالة.

- تعزيز تنسيق إدارة العلاقات الخارجية لنشاط جمع الأموال، بمشاركة فعالة لمجموعة واسعة من الجهات الفاعلة في الوكالة[47].

وتتوقف قدرة الأونروا على تقديم خدماتها المنتظمة إلى أعداد اللاجئين المتزايدة بنسبة تقارب 2.5% سنوياً، على توفر التمويل الكافي من التبرعات. كما تعتمد الوكالة على التمويل الإضافي الذي يخصص لميزانية المشاريع وللعمليات الطارئة. ويبين الجدول رقم (2) المصادر المتوقعة لتمويل مجموع حجم ميزانية الأونروا للسنتين 2010 و2011، بما في ذلك الميزانية العادية وميزانية المشاريع.

جدول رقم (2): المصادر المتوقعة لتمويل ميزانية الأونروا للسنتين 2010 و2011 (بالألف دولار)[48]

1,119,560	التبرعات النقدية للصندوق العام
490,761	التبرعات النقدية للمشاريع
6,900	التبرعات العينية للصندوق العام
58,200	الميزانية العادية للأمم المتحدة
42,000	موارد أخرى
1,717,421	**المجموع**

وتحذر الأونروا من أن جمود إسهامات المانحين عند مستوياتها الحالية، سيؤدي إلى تراجع الخدمات المقدمة إلى مستويات تقل نوعيتها عن المستويات الراهنة، وهو ما قد يُحدث ضغوطاً إضافية على الدول المضيفة. كما قد يؤدي انخفاض قيمة الإسهامات على المدى المتوسط إلى حدوث انعكاسات أخرى خطيرة، على نوعية الخدمات أو إجراء تخفيضات في مجالات معينة وفي ملاك الموظفين. فتقديم الخدمات على نحو كامل سيتطلب تمويلاً أفضل مما شهدته الفترات الأخيرة[49].

جدول رقم (3): الاحتياجات من الميزانية العادية حسب الميدان (نقداً وعيناً بالألف دولار)[50]

نمو الموارد		تقديرات 2011–2010	اعتمادات 2009–2008	نفقات 2007–2006	الميدان
النسبة المئوية (%)	المبلغ				
5.89	22,679	408,024	385,345	270,267	قطاع غزة
1.62	2,362	148,403	146,041	112,993	لبنان
8.16	8,073	107,021	98,948	65,351	سورية
0.6	1,371	231,681	230,310	176,385	الأردن
3.1	5,759	191,408	185,649	143,538	الضفة الغربية
19.78	14,586	[1]88,339	73,753	51,971	المقر الرئيسي
4.9	54,830	1,174,876	1,120,046	820,505	المجموع الفرعي
-	5,628	5,628			احتياجات الطوارئ[2]
-	10,156	10,156			استحقاقات نهاية خدمة الموظفين[2]
-	34,000	34,000			احتياطي زيادة المرتبات[2]
	2,000	2,000			احتياطي الصيانة[2]
-	51,784	51,784	-	-	المجموع الفرعي
9.52	106,614	1,226,660	1,120,046	820,505	مجموع الميزانية

[1] تشمل تكلفة إنشاء 14 وظيفة دولية إضافية طلب تمويلها من الميزانية العادية للأمين العام للأمم المتحدة، ثلاث منها، مشمولة في الميزانية العادية للأمين العام.
[2] أدرجت أرقام الفترة 2006-2009، لأغراض المقارنة، ضمن نفقات/ اعتمادات الميادين المعنية.

وتثبت النتائج المالية للسنة المالية 2008 بوضوح مدى نقص التمويل الذي عانت منه الوكالة في جهودها الرامية إلى تنفيذ ولايتها. فقد بلغ العجز في تمويل الميزانية العادية الممولة من خلال التبرعات غير المخصصة ما قدره 64.6 مليون دولار، وعانت ميزانية المشاريع من نقص قدره 24.7 مليون دولار.[51]

جدول رقم (4): حالة تمويل الوكالة لسنة 2008 (بالمليون دولار)[52]

	الميزانية العادية			
	الأنشطة المدرجة في الميزانية	الأنشطة غير المدرجة في الميزانية	المشاريع	نداء الطوارئ
الميزانية	524.5	–	116.5	262.4
الإيرادات الآتية من التبرعات	181.0	41.1	91.8	171.8
الفجوة التمويلية	43.5–	–	24.7–	90.6–
النفقات الإضافية: 21.1–				
صافي الفجوة التمويلية: 64.6–				

وسجل نداء الطوارئ لسنة 2008 في الضفة الغربية وقطاع غزة عجزاً في التمويل قدره 90.6 مليون دولار. كما تشير التوقعات للإيرادات والنفقات في سنة 2009، المبينة في الجدول رقم (5)، إلى وجود فجوة في تمويل الميزانية العادية تبلغ 78.3 مليون دولار، إذا ما قارنّا النفقات المدرجة في الميزانية البالغة 548.6 مليون دولار بمجموع الإيرادات المتوقع البالغ 470.3 مليون دولار (استناداً إلى التقديرات الإرشادية من المانحين وإيرادات الفوائد المقدرة) للصندوق العام – آلية التبرعات غير المخصصة لتغطية الاحتياجات النقدية والعينية للوكالة. وبدون مساهمات إضافية، فإن الوكالة لن تكون في وضع يمّكنها من التنفيذ الكامل لأنشطتها المدرجة في الميزانية[53].

جدول رقم (5): الإيرادات والنفقات لسنة 2009* (بالمليون دولار)[54]

	الميزانية العادية	المشاريع	نداء الطوارئ
الميزانية	548.6	90.0	473.6
الإيرادات المتوقعة	470.3	43.1	232.9
الفجوة المالية	**78.3–**	**46.9–**	**240.7–**

*الأرقام الواردة في الجدول هي من توقعات الأونروا حيث أعدت قبل انتهاء سنة 2009.

ولا يبدو أن التوقعات الحالية للإيرادات والنفقات لسنة 2010، على النحو المبين في الجدول رقم (6)، تدعو إلى التفاؤل. وإذا ثبتت صحة هذه التوقعات، فستكون هناك فجوة تمويلية في سنة 2010 قدرها 141.2 مليون دولار (استناداً إلى التقديرات الإرشادية الواردة من المانحين وتوقعات المسترد من تكاليف دعم البرامج)[55].

جدول رقم (6): الفجوة المالية المتوقعة لسنة 2010 (بالمليون دولار)[56]

الميزانية	598.5
الإيرادات المتوقعة	457.3
الفجوة التمويلية	−141.2

ثالثاً: واقع خدمات الأونروا في مناطق عملها

أُجبر معظم الفلسطينيين، في إثر النكبة سنة 1948، على مغادرة أراضيهم، واللجوء إما إلى البلاد العربية المحيطة بفلسطين؛ وهي لبنان والأردن وسورية، أو إلى الضفة الغربية وقطاع غزة؛ بالإضافة إلى لجوء بضعة آلاف من الفلسطينيين إلى العراق. وبعد الاحتلال الإسرائيلي للضفة الغربية وقطاع غزة في سنة 1967، نزح آلاف الفلسطينيين إلى الأردن، بشكل أساسي، ومن ضمنهم أولئك الذين هُجِّروا نتيجة لنكبة 1948.

عملت وكالة الأونروا ضمن مناطق خمس تضم اللاجئين الفلسطينيين هي الضفة الغربية، وقطاع غزة، والأردن، ولبنان وسورية[57]، في حين تولت الدولة العراقية شؤون اللاجئين الفلسطينيين الذين لجأوا إليها، والذين قدرت المفوضية العليا لشؤون اللاجئين Office of the United Nations High Commissioner for Refugees (UNHCR) مؤخراً أن عددهم تراوح بين 34 ألف و42 ألف[58]، وذلك مقابل إعفائها من المساهمة في صندوق الأونروا.

كما أن هناك لاجئين فلسطينيين في مصر، يُقدر عددهم في نهاية سنة 2002 بحوالي 70 ألفاً[59]. وهو الرقم الذي أورده تقرير لشبكة الأنباء الإنسانية (إيرين) Humanitarian News and Analysis (IRIN) نشر بتاريخ 2006/6/21، وهي الخدمة الإخبارية التابعة لمكتب الأمم المتحدة لتنسيق الشؤون الإنسانية (أوتشا) United Nation Office for the Coordination of Humanitarian Affairs (OCHA)[60].

انحصر عمل الأونروا في المناطق الخمسة ضمن ما يعرف بمخيمات اللاجئين، والمخيم حسب تعريف الأونروا، عبارة عن رقعة أرض خصصتها السلطات المضيفة للأونروا، من أجل توفير الإقامة للاجئين الفلسطينيين، وإقامة المرافق التي تلبي احتياجاتهم. وتقتصر مسؤولية الأونروا في المخيمات على توفير الخدمات وإدارة المرافق، دون أن تمتلك هذه المخيمات، أو تديرها أو تحرسها؛ حيث تقع هذه المسؤوليات جميعها على عاتق السلطات المضيفة. ولدى الأونروا مكتب خدمات لكل مخيم يتردد عليه السكان، لتحديث سجلاتهم، أو طرح قضايا تتعلق بخدمات

الوكالة مع مسؤول خدمات المخيم، الذي يحيل بدوره شواغل اللاجئين والتماساتهم إلى إدارة الأونروا في المنطقة التي يقع فيها المخيم[61].

خريطة توضح توزيع اللاجئين الفلسطينيين على المخيمات في مناطق عمل الأونروا الخمس[62]

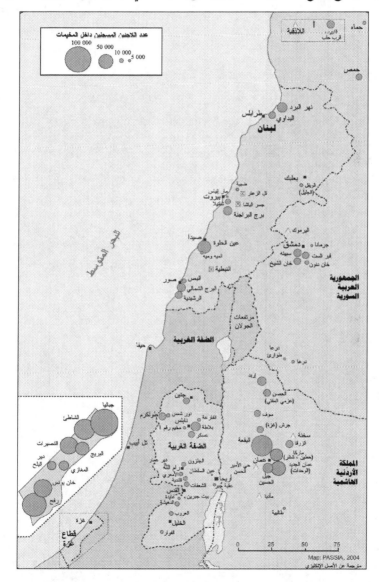

تتوزع خدمات الأونروا بين الرعاية التعليمية والصحية والخدمات الاجتماعية لجموع اللاجئين الذين بلغ تعدادهم بحسب تسجيلات الأونروا مع نهاية سنة 2009 حوالي 4,766,670 لاجئاً فلسطينياً، يعيش ما نسبته 29.3% من مجموعهم، أي 1,396,368 لاجئاً[63]، في 58 مخيماً رسمياً في الأردن ولبنان وسورية والضفة الغربية وقطاع غزة[64].

وهنا لا بد من الإشارة إلى أن تعريف اللاجئ بمفهوم الأونروا يختلف عن الواقع؛ إذ اعتبرت الأونروا أن اللاجئ الفلسطيني، هو الشخص الذي كان يقيم في فلسطين خلال الفترة ما بين 1946/6/1 و1948/5/15[65]، وفقد بيته ومورد رزقه نتيجة حرب 1948. وعليه فإن اللاجئين الفلسطينيين الذين يحق لهم تلقي المساعدات من الأونروا هم الذين ينطبق عليهم التعريف أعلاه إضافة إلى أبنائهم. علماً أن هناك نازحون داخل الأراضي الفلسطينية المحتلة سنة 1948، وكذلك هناك نازحون نتيجة حرب 1967؛ لكن الأونروا تغطي اللاجئين الفلسطينيين المقيمين في مناطق عملياتها الخمس فقط.

ويجب الملاحظة أيضاً أن تعريف الأونروا للاجئ الفلسطيني يقتصر فقط على اللاجئين المستحقين لخدمات الوكالة، حيث إن التعريف ينص صراحة على أن حق الانتفاع من خدمات الوكالةَ يشترِط أن يكون اللاجئ قد فقد بيته ومورد رزقه. ولكن لغايات العودة والتعويض المنصوص عليها في قرار الجمعية العامة للأمم المتحدة رقم 194، فإن عبارة "اللاجئ الفلسطيني" تستخدم بمفهوم أوسع من تعريف الأونروا للاجئ الفلسطيني، حيث إن الأونروا وضعت ذلك التعريف لغايات تحديد الفئة المنتفعة من خدماتها ليس إلا.

ومما يجدر ذكره في هذا السياق أن الأونروا قامت في أوقات معينة بتقديم مساعدات لأشخاص لا ينطبق عليهم تعريف اللاجئ الفلسطيني. ففي سنة 1988، مع انطلاق الانتفاضة الفلسطينية الأولى، قامت الأونروا، وبناء على طلب الجمعية العامة للأمم المتحدة، بتقديم مساعدات إنسانية، كحالة طارئة وكإجراء مؤقت، لغير اللاجئين في المناطق المحتلة الذين كانوا بحاجة ماسة للمساعدة[66].

وعلى صعيد الخدمات التي تقدمها الأونروا، فإن برنامج التربية والتعليم في الأونروا في مناطق عملياتها الخمس تألف في العام الدراسي 2010/2009 وبحسب الأرقام المنشورة في نيسان/ أبريل 2010، من: 691 مدرسة، و22,178 موظفاً تربوياً، و482,920 طالباً مسجلاً، وعشرة مراكز تدريب مهني، و6,773 مكاناً للتدريب، وثلاث كليات للعلوم التربوية، و939 مدرّساً تحت التدريب[67].

وتجدر الإشارة إلى أنه في سنة 2000، عملت الأونروا على إعادة العمل ببرنامج البعثات المدرسية، بعد ثلاث سنوات من تعليقه، حيث استفاد ما يقارب من 700 طالب من المنح التي يقدمها، منذ إعادة إطلاق البرنامج[68].

أما على صعيد الرعاية الصحية فكان هناك 137 مركزاً للرعاية الصحية، وأكثر من 4,644 عاملاً يعملون لدى الأونروا في الخدمات الصحية[69]. وكانت مراكز الأونروا الصحية قد قدمت في سنة 2008 ما مجموعه 9.6 مليون استشارة طبية[70].

وعلى صعيد الخدمات الاجتماعية وبحسب آخر الأرقام المنشورة التي تعود إلى 2009/12/31، فإن هناك 265,447 حالة عسر شديد تتلقى معونات من الوكالة، وهم يشكلون حوالي 5.6% من اللاجئين المسجلين، وهناك 64 مركز برامج للمرأة، و38 مركز تأهيل مجتمعي، فيما بلغ عدد موظفي دائرة الإغاثة والخدمات الاجتماعية في الوكالة 650 موظفاً[71].

وإلى جانب ذلك هناك برنامج التمويل الصغير، الذي يقدم القروض والخدمات المالية التكميلية لأصحاب الأعمال الصغيرة وصغار رجال الأعمال والبيوت المعيشية[72]؛ ومن هذه البرامج كان مشروع إقراض المؤسسات الصغيرة، الذي تراوحت قروضه ما بين ثلاثة آلاف دولار و75 ألف دولار؛ وبرنامج الإقراض الجماعي التضامني، الذي تراوحت قيمة القرض فيه ما بين 400 دولار وخمسة آلاف دولار.

كما قدمت الأونروا من خلال برنامج ائتمانات الأسر المعيشية للمرأة قروضاً تراوحت قيمتها ما بين 500 و800 دولار، في حين تراوحت قروض برنامج ائتمانات

المؤسسات الصغيرة ما بين 300 و8,500 دولار، وبرنامج القروض الإسكانية ما بين ثلاثة آلاف و15 ألف دولار[73].

أما على صعيد الوظائف بشكل إجمالي، فقد بلغ عدد وظائف الموظفين المحليين في مناطق عمل الأونروا الخمس 30,495 وظيفة مع نهاية سنة 2009، في حين كان هناك 119 وظيفة للموظفين الدوليين، يضاف إليها 64 وظيفة تمول مباشرة من الدول المانحة للوكالة[74].

أما ما يتعلق بما تقوم به الأونروا في كل منطقة من مناطق عملها الخمس فقد كان على الشكل التالي:

1. الضفة الغربية وقطاع غزة:

حين تم توقيع إعلان المبادئ بين "إسرائيل" ومنظمة التحرير الفلسطينية في 1993/9/13، كانت الأونروا المؤسسة العاملة الوحيدة في الضفة الغربية وقطاع غزة، التي تمتلك القدرة على التنفيذ السريع لمشاريع من شأنها تطوير الأوضاع الاجتماعية والاقتصادية في شكل ملموس، وتوفير فرص العمل وتحسين البنى الأساسية.

تشير التقديرات المتوفرة لسنة 2009 إلى أن 45% من السكان في الضفة والقطاع هم لاجئون[75]، حيث يقدر عددهم حتى 2009/12/31 بنحو 1,885,188 لاجئاً، في حين بلغ عددهم في الضفة الغربية حوالي 778,993 لاجئاً، أما في قطاع غزة فبلغ حوالي 1,106,195 لاجئاً. ويعيش في مخيمات الضفة 197,763 لاجئاً، أما في مخيمات قطاع غزة فيعيش 502,747 لاجئاً[76].

جددت الجمعية العامة للأمم المتحدة مدة تفويض عمل الأونروا داخل الضفة والقطاع حتى 2011/7/30. وصنف مدير الأونروا في قطاع غزة جون جنج John Ging التعليم والصحة والخدمات الاجتماعية والمساعدات الغذائية والبنى التحتية، على أنها من بعض المجالات التي تدخل ضمن الأونروا. ولأن عدد الفلسطينيين في

زيادة مستمرة، بالإضافة إلى أن الوضع في غزة مستمر في التدهور، فإنه رأى أن حجم ونطاق عمل الوكالة لا بدّ أن يواكب تلك التطورات[77].

أ. الضفة الغربية:

تغطي الضفة الغربية مساحة 5,876 كم^2، ويعيش حوالي ربع اللاجئين في 19 مخيماً رسمياً، وهي مخيم بلاطة والفوار وطولكرم والفارعة وجنين وعين بيت الماء وعسكر وعقبة جبر والدهيشة وعايدة وشعفاط ودير عمار والجلزون وعين السلطان وقلنديا وبيت جبرين والعروب والأمعري ونور شمس، حيث تعيش الأغلبية في مدن الضفة الغربية وقراها، وتقع بعض المخيمات بالقرب من المدن الكبرى، بينما تقع الأخرى في المناطق الريفية[78].

1. **الخدمات التعليمية**: تقدم الأونروا مساعدة خاصة للطلبة الذين يعانون من صعوبات في التعلم في 13 مخيماً من أصل المخيمات الـ 19 في الضفة[79]، وهناك 97 مدرسة للأونروا تضم 67,955 طالباً وطالبة للعام الدراسي 2010/2009؛ بينما يبلغ عدد موظفي التعليم 3,098 موظفاً. وهناك ثلاثة مراكز للتدريب المهني، وكليتان للعلوم التربوية[80].

2. **الخدمات الصحية**: تقوم الأونروا بتقديم خدمات الصحة الأساسية في الضفة من خلال 41 مركز رعاية صحية أولية، ويعمل في هذا القطاع 1,304 موظفين[81]. وتشمل خدماتها الصحية صحة الأسنان، ورعاية الأم والطفل، والرعاية الصحية لمرضى السكري وضغط الدم، فضلاً عن الخدمات المخبرية.

3. **الخدمات الاجتماعية**: سجلت الأرقام المنشورة في نيسان/ أبريل 2010 وجود 35,473 لاجئاً ضمن حالات العسر الشديد، وهم يشكلون ما نسبته 4.6% من مجموع اللاجئين المسجلين في الضفة. وعلى صعيد المراكز الاجتماعية، فإن هناك 15 مركز تأهيل مجتمعي، و16 مركزاً لبرامج المرأة تابعة للأونروا، بينما يبلغ عدد العاملين في قطاع الإغاثة الاجتماعية 114 موظفاً[82].

ويبلغ عدد وظائف الموظفين المحليين في الأونروا 4,738 وظيفة، وهناك 11 وظيفة للموظفين الدوليين، وذلك بحسب الأرقام المنشورة لغاية 2009/12/31[83].

ب. قطاع غزة:

يتميز قطاع غزة بين مناطق عمليات الأونروا الخمس بأن أغلبية سكانه هم من اللاجئين الذين يعيش أكثر من نصفهم في ثمانية مخيمات، وهي جباليا وخان يونس ورفح والبريج والشاطئ والمغازي والنصيرات ودير البلح. هذا مع الإشارة إلى أن رئاسة الأونروا توجد في غزة وكذلك مكتب الأونروا الميداني. وتنسق الوكالة عملها الإنساني مع السلطة الفلسطينية التي تأسست سنة 1994[84].

1. **الخدمات التعليمية**: يوجد في قطاع غزة 228 مدرسة للأونروا، تعمل تسعة من كل عشرة مدارس منها بنظام الفترتين، ويدرس فيها 206,144 طلباً وطالبة، بالإضافة إلى مركزين للتدريب المهني والتقني. فيما يبلغ عدد موظفي التعليم 8,512 موظفاً[85].

2. **الخدمات الصحية**: تقوم الأونروا بتقديم خدمات الصحة الأساسية في قطاع غزة عن طريق 20 مركزاً، ويبلغ عدد الموظفين العاملين في قطاع الخدمات الصحية 1,274 موظفاً، وذلك بحسب الأرقام المنشورة في نيسان/ أبريل 2010[86].

3. **الخدمات الاجتماعية**: يبلغ عدد حالات العسر الشديد في قطاع غزة 93,666 لاجئاً، يشكلون 8.5% من مجموع اللاجئين المسجلين؛ وهناك ستة مراكز تأهيل مجتمعي، وعشرة مراكز لبرامج المرأة. ويبلغ عدد العاملين في القطاع الاجتماعي 202 موظفاً[87].

ويبلغ عدد وظائف الموظفين المحليين في القطاع 11,324 وظيفة، و146 وظيفة في مركز رئاسة الوكالة، وهناك عشر وظائف للموظفين الدوليين، و29 وظيفة في مركز الرئاسة في غزة[88].

2. الأردن:

قدر عدد السكان الفلسطينيين في الأردن نهاية سنة 2009 بحوالي 3,240,000 نسمة، وذلك بناء على تقديرات جهاز الإحصاء الفلسطيني[89]. وحسب إحصاء الأونروا، فإن هناك 1,983,733 لاجئاً فلسطينياً مسجلاً لدى الوكالة في الأردن وذلك حتى تاريخ 2009/12/31، علماً أن من يعيش داخل المخيمات من الفلسطينيين المسجلين لدى الأونروا يشكلون حوالي 17.2% فقط، أي 341,494 لاجئاً[90].

يوجد في الأردن عشرة مخيمات رسمية للاجئين الفلسطينيين هي البقعة والحصن ومخيم عمّان الجديد (الوحدات) والزرقاء وماركا وسوف وجبل الحسين وجرش وإربد والطالبية، وهناك ثلاثة أحياء في عمّان والزرقاء ومأدبا تعتبرها حكومة الأردن مخيمات، في حين لا تعدّها الأونروا كذلك. وكان أربعة من هذه المخيمات قد شيدت بعد حرب 1948، وستة مخيمات بعد حرب 1967[91].

تقوم الأونروا على إدارة خدماتها في المخيمات العشرة وبعض التجمعات الفلسطينية الأخرى في مجالات التعليم والصحة والإغاثة والخدمات الاجتماعية؛ والوكالة ليست مسؤولة عن إدارة المخيمات، وليس لها أي دور سياسي فيها.

وأنشأت الحكومة الأردنية دائرة الشؤون الفلسطينية، وهي مؤسسة حكومية مستقلة كوريث لوزارة شؤون الأرض المحتلة. ومن أهم واجبات هذه الدائرة التعاون والتنسيق مع الأونروا في جميع أعمالها داخل الأردن. ورسم السياسات العامة لعمل الوكالة الدولية من خلال عضوية لجنتها الاستشارية ومنتدى كبار الدول المانحة والمضيفة للأونروا.

ولأن اللاجئين الفلسطينيين في الأردن يحملون الجنسية الأردنية، فقد منحهم الدستور الأردني كافة حقوق المواطنة. إذ توفر الحكومة الخدمات الصحية والكهرباء والماء، إضافة لشق الطرق وتعبيدها، وتوفير شبكات الصرف الصحي والهاتف، كما تسهم بتقديم خدمات التعليم للمرحلتين الثانوية والجامعية لأبناء اللاجئين، إذ

يقتصر تقديم الخدمات التعليمية في الأونروا حتى نهاية المرحلة الأساسية[92]. غير أن الدولة الأردنية لم تمنح اللاجئين من أبناء قطاع غزة الجنسية وما يتعلق بها من حقوق وامتيازات، ويتراوح عدد هؤلاء اللاجئين بين 180 ألفاً و200 ألف. في حين تقدر الأونروا أعدادهم بحوالي 120 ألف لاجئ[93].

أ. **الخدمات التعليمية:** يبلغ عدد مدارس الأونروا في الأردن 173 مدرسة، يدرس فيها حوالي 122,221 تلميذاً مسجلاً في العام الدراسي 2010/2009، في حين بلغ عدد موظفي التعليم 5,603 موظفين، يضاف إليهم 77 موظفاً يعملون في مكتب رئاسة الأونروا في عمان. كما أن هناك مركزين للتدريب المهني، وكلية للعلوم التربوية[94].

ب. **الخدمات الصحية:** يوجد في الأردن 32 مركزاً صحياً للأونروا، من ضمنها ثمان وحدات متنقلة، وتقدم هذه المراكز الخدمات الصحية للاجئين الفلسطينيين المسجلين لدى الوكالة، وخدمات صحة الأسنان ورعاية صحة الأم والطفل وتنظيم الأسرة، بالإضافة إلى الرعاية الصحية لمرضى السكري وضغط الدم والخدمات المخبرية، ويعمل 1,042 موظفاً ضمن هذا القطاع، يضاف إليهم 13 موظفاً يعملون في مكتب رئاسة الأونروا[95].

ج. **الخدمات الاجتماعية:** يوجد في الأردن 51,277 لاجئاً مسجلاً ضمن فئة حالات العسر الشديد، وهم يشكلون حوالي 2.6% من مجموع اللاجئين المسجلين. وهناك 14 مركزاً لبرامج المرأة، وعشرة مراكز للتأهيل الاجتماعي. ويبلغ عدد موظفي دائرة الإغاثة والخدمات الاجتماعية 112 موظفاً، يضاف إليهم 16 موظفاً يعملون في مكتب رئاسة الأونروا.

ويبلغ عدد موظفي الأونروا في الأردن 7,092 موظفاً، بينهم 7,086 موظفاً محلياً وستة موظفين دوليين. كما يعمل في مركز رئاسة الأونروا في عمّان 360 موظفاً، بينهم 310 موظفين محليين، و50 موظفاً دولياً[96].

3. لبنان:

بلغ عدد اللاجئين الفلسطينيين في لبنان 425,640 لاجئاً لغاية 2009/12/31، وذلك بحسب الأرقام المنشورة لدى وكالة الأونروا في نيسان/ أبريل 2010. وهم يشكلون 8.9% من مجموع اللاجئين الفلسطينيين، منهم 53.2% أي 226,533 لاجئاً يعيشون داخل المخيمات[97].

وفي لبنان أيضاً هناك فئتان من اللاجئين، الفئة الأولى هم الفلسطينيون المسجلون في الدوائر اللبنانية الخاصة باللاجئين، إلا أن الأونروا لا تعترف بهم وهم مسجلون تحت فئة NR (Not Registered)، وهؤلاء لا يحق لهم الاستفادة من الخدمات المقدمة من الوكالة، على الرغم من حيازتهم أوراقاً ثبوتية من الجهات الرسمية اللبنانية ذات الصلة. علماً أن الأونروا وافقت في سنة 2004 على استفادة هذه الفئة من خدماتها الصحية والتعليمية[98]. وقدر عدد اللاجئين من هذه الفئة في سنة 2004 بـ 25 ألف لاجئ[99].

أما الفئة الأخرى فهي فئة اللاجئين الذين لا يملكون أوراقاً ثبوتية، وغير مسجلين لدى السلطات اللبنانية أو لدى الأونروا، وتذكر التقديرات أنهم بحدود أربعة آلاف لاجئ[100].

يقيم اللاجئون الفلسطينيون في لبنان في 12 مخيماً من بين 16 أنشئت منذ نكبة فلسطين سنة 1948، حيث تعرضت ثلاثة مخيمات للتدمير ولم يعد إعمارها، وهي النبطية في جنوب لبنان، الذي تعرض للإزالة بعد أن دمرته الطائرات الحربية الإسرائيلية في سنة 1974، وتل الزعتر (الديكوانة) وجسر الباشا في بيروت بعد إزالتهما خلال الحرب الأهلية اللبنانية، فيما تمّ ترحيل سكان مخيم جورو في مدينة بعلبك إلى مخيم الرشيدية في جنوب لبنان. والمخيمات القائمة هي نهر البارد والبداوي وبرج البراجنة وضبية ومار إلياس وعين الحلوة والرشيدية وبرج الشمالي والبص وشاتيلا وويفل (الجليل) والمية ومية. في حين يقيم باقي اللاجئين في المدن

والقرى اللبنانية، بالإضافة إلى تجمعات سكنية جديدة نشأت بسبب تطورات الأوضاع في لبنان[101].

أ. **الخدمات التعليمية:** تشير الأرقام المنشورة على موقع الأونروا إلى أن خدمات الوكالة التعليمية تشمل 75 مدرسة، من ضمنها ست مدارس ثانوية، ضمت 32,892 تلميذاً في العام الدراسي 2010/2009. وبلغ عدد موظفي التعليم 2,190 موظفاً؛ كما يوجد مركزين للتدريب المهني. في حين عملت الأونروا على تدريب مائة موظف ما قبل الخدمة، و128 خلال الخدمة[102].

ب. **الخدمات الصحية:** تدير الأونروا 29 مركزاً صحياً في لبنان، وتشمل خدماتها رعاية صحة الأسنان، ورعاية صحة الأم والطفل، وتنظيم الأسرة، وتقدم خدمات لمرضى السكري وضغط الدم، فضلاً عن الخدمات المخبرية[103].

ج. **الخدمات الاجتماعية:** بلغ عدد اللاجئين الفلسطينيين في لبنان المصنفين ضمن حالات العسر الشديد 50,951 لاجئاً لغاية نهاية سنة 2009، وهم يشكلون ما نسبته 12% من اللاجئين المسجلين. أما على صعيد التقديمات الاجتماعية، فإن للأونروا مركزاً للتأهيل الاجتماعي، وتسعة مراكز لبرامج المرأة، ويعمل في هذا القطاع 117 موظفاً؛ كما قامت الأونروا بتمويل 601 مشروعاً للحد من الفقر. ويبلغ العدد الإجمالي لوظائف الموظفين المحليين 3,226 وظيفة وست وظائف للموظفين الدوليين[104].

4. سورية:

تعود أصول معظم اللاجئين الفلسطينيين، الذين فروا إلى سورية بعد حرب 1948، إلى الجزء الشمالي من فلسطين، وخاصة من صفد وحيفا ويافا. وأنشئت في سورية تسعة مخيمات رسمية للاجئين الفلسطينيين هي: جرمانا وقبر الست وسبينه ومخيم حمص ودرعا ومخيم درعا (طوارئ) وخان الشيح وحماه وخان دانون والنيرب، وثلاثة غير رسمية هي، اليرموك واللاذقية وعين التل[105].

بلغ عدد اللاجئين الفلسطينيين المسجلين لدى الأونروا في سورية لغاية
2009/12/31 ما مجموعه 472,109 لاجئين، وبلغ عدد اللاجئين الموجودين في
المخيمات 127,831 لاجئاً[106]، مع ملاحظة أن عدد اللاجئين المذكور أعلاه لا يشمل
الفلسطينيين الذين لجأوا إلى سورية سنتي 1967 و1970، لأن معظمهم غير مسجلين
في سجلات الوكالة[107]. ويتركز الوجود الفلسطيني في محافظة دمشق حيث يشكل
الفلسطينيون المسجلون فيها 67% من إجمالي اللاجئين الفلسطينيين المسجلين في
سورية.

يستفيد اللاجئون الفلسطينيون في سورية من التشريعات التي أصدرتها الحكومة
السورية، والتي نظمت الوجود الفلسطيني في سورية من الناحية القانونية. فالفلسطيني
اللاجئ في سورية يساوي المواطن السوري في كافة الحقوق والواجبات ما عدا حقي
الترشح والانتخاب، وهو الأمر الذي سهّل اندماج اللاجئ الفلسطيني في سوق العمل
السورية، وحفز اللاجئين الفلسطينيين في مناحي كثيرة، منها القدرة على التحصيل
الدراسي والأكاديمي[108]. وتكمل خدمات الأونروا الخدمات المقدمة من الحكومة
السورية. وفي حين أن الحكومة السورية تحملت مسؤولية توفير المرافق الأساسية في
المخيمات، تقدم الأونروا خدمات تعليمية وصحية واجتماعية عديدة[109].

أ. الخدمات التعليمية: تقوم الأونروا بإدارة 118 مدرسة تعمل جميعها بنظام
الفترتين، وتقدم التعليم الأساسي الابتدائي والإعدادي لما مجموعه 66,014
طفلاً من أطفال اللاجئين الفلسطينيين. فيما يبلغ عدد موظفي التعليم 2,698
موظفاً. كما تقوم الأونروا أيضاً بإدارة مركز تدريب مهني في دمشق[110].

ب. الخدمات الصحية: تضم شبكة الأونروا الصحية 23 مركزاً[111]، وتقدم الخدمات
الصحية للحوامل ولأطفالهن، وتقدم الرعاية الأولية للمرضى بما فيها الرعاية
الطبية والوقائية والعلاجية، ومشاريع تحسين الصحة البيئية[112]. ويبلغ عدد
موظفي القطاع الصحي 498 موظفاً[113].

ج. الخدمات الاجتماعية: تؤمن الأونروا في سورية الدعم للعائلات الأشد فقراً بين اللاجئين، لضمان قدرتهم على الحصول على الحد الأدنى من معايير المأوى والتغذية. ويبلغ عدد اللاجئين المصنفين ضمن حالات العسر الشديد 34,080 لاجئاً، وهم يشكلون ما نسبته 7.2% من اللاجئين المسجلين لدى الأونروا. ويوجد 89 موظفاً ضمن دائرة الإغاثة الاجتماعية[114]. وتعمل الوكالة على تطوير مشاريع تشجّع اللاجئين على الاعتماد على ذاتهم والمبادرة الاقتصادية، لا سيّما بين صفوف النساء وذوي الإعاقة والأطفال[115]. وهناك ستة مراكز تأهيل مجتمعي، و15 مركزاً لبرامج المرأة[116].

ويبلغ عدد وظائف الموظفين المحليين 3,665 وظيفة، وسبع وظائف للموظفين الدوليين، وذلك بحسب الأرقام المنشورة حتى نهاية سنة 2009[117].

5. تعامل الدول المضيفة مع الأونروا:

تعمل وكالة الأونروا ضمن أراضي الدول المضيفة بالتنسيق مع السلطات الرسمية لهذه الدول، من حيث الالتزام بالقوانين المحلية واحترامها، وبالمقابل تقوم السلطات الرسمية بتسهيل أعمال الوكالة، من حيث القيام بواجباتها تجاه اللاجئين الفلسطينيين على أراضيها، وفق الهدف من إنشاء هذه المنظمة الدولية. إذ تتمثل أهداف الأونروا بالعمل على تنفيذ برامج الإغاثة بالتعاون مع الحكومات المضيفة للاجئين، والعمل حسب توصيات البعثة الاقتصادية والتشاور مع الحكومات المضيفة لإيجاد العون اللازم للاجئين في حال توافر الإمكانيات عند هذه الوكالة، حسبما جاء في القرار 302 الصادر عن الجمعية العامة للأمم المتحدة[118]. وفي بعض الدول تقوم الحكومات بتقديم خدمات تتكامل مع ما تقدمه الأونروا كما هو الحال مع الأردن وسورية.

كما تشارك الدول المضيفة في الاجتماع السنوي الذي تعقده الأونروا للدول المانحة من منطلق المصلحة في متابعة تطورات قضية اللاجئين الفلسطينيين وانعكاساتها على الدول المضيفة.

وبما أن المادة 22 من الاتفاقية الخاصة بوضع اللاجئين، التي اعتمدها مؤتمر الأمم المتحدة للمفوضين بشأن اللاجئين ومن لا يحملون أي جنسية الذي دعت إليه الجمعية العامة للأمم المتحدة.بمقتضى قرارها رقم 429، في 1951/7/28، توجب على "الدول المتعاقدة" معاملة اللاجئين بنفس الطريقة التي تعامل بها مواطنيها في ما يخص التعليم الأساسي، والإعفاء من الرسوم والتكاليف الدراسية. كما تعالج المواد 23 و24 الإغاثة العامة والإسعاف وتشريعات العمل والضمان الاجتماعي، التي تكفل للاجئ معاملة المواطن. فإن هذه الواجبات على الدول المضيفة قد تعززت باتفاقيات جرت بين الأونروا والدول العربية المضيفة، التي فصّل الطرفان في ما بينهما وتقاسما أعباء تكاليف ممارسة الحقوق المدنية للاجئين الفلسطينيين[119].

رابعاً: الأونروا: تقييم الأداء وتحديات المستقبل

تمرّ وكالة الأونروا في أكثر الفترات صعوبة وحرجاً منذ إنشائها، نظراً للظروف التي تعمل خلالها، وحجم الأعباء المتزايدة على عاتقها، باعتبارها الجهة الدولية المعنية برعاية اللاجئين الفلسطينيين من النواحي التعليمية والصحية والإغاثة الاجتماعية، وخصوصاً في ظل الاعتداءات المتواصلة والمتصاعدة ضد مخيمات اللاجئين في قطاع غزة والضفة الغربية؛ فضلاً عن المصاعب التي تواجهها الوكالة في مخيمات الشتات، وتراجع الخدمات التي تقدمها للاجئين الفلسطينيين.

ونحاول في هذا القسم أن نقيم أداء الأونروا، من خلال تقديم بعض النماذج التي تساعدنا على فهم الواقع الذي تعيش فيه الوكالة الدولية؛ كما سنتطرق إلى دور الأونروا بعد توقيع اتفاقات أوسلو بين منظمة التحرير الفلسطينية و"إسرائيل"، وتراجع خدماتها للاجئين، والأسباب التي دفعت نحو ذلك.

1. تقييم أداء الأونروا:

تُعنى وكالة الأونروا بشكل مباشر بتوفير الخدمات لـ 4.7 مليون لاجئ فلسطيني، يمثلون 62.3% من مجموع اللاجئين الفلسطينيين في الداخل والشتات، والبالغ عددهم حوالي 7.55 مليون نسمة. وتجدر الإشارة إلى أن اللاجئين الفلسطينيين المسجلين لدى الأونروا يمثلون نحو 43% من مجموع الشعب الفلسطيني الذي يقدر تعداده بحوالي 10.9 مليون نسمة[120]. وقامت الأونروا باتخاذ تدابير تقشفية نظراً لنقص التمويل، إذ أنّ التبرعات لم تعد تجاري التضخم والنمو السكاني للاجئين، ونتيجة لذلك انخفضت الخدمات المقدمة للاجئين من معدل 200 دولار سنوياً للاجئ الواحد في سنة 1975 إلى حوالي 70 دولاراً في سنة 1997، إلى أن وصل المعدل في سنة 2002 إلى 30 دولاراً فقط للاجئ الواحد[121].

وأطلقت وكالة الأونروا خلال سنة 2009 ثلاثة نداءات عاجلة للدول المانحة، من أجل تقديم يد العون لها لسداد عجز ميزانيتها[122]، آخرها كان في كانون الأول/ ديسمبر 2009، من أجل سداد عجز ميزانيتها لسنة 2010، والتي قدرها ريتشارد كوك Richard Cook، مدير العمليات في وكالة الأونروا، بـ 545 مليون دولار[123]، بعد أن انتهت الميزانيه التشغيلية لنهاية سنة 2009 دون توفر أي فائض؛ وذلك نتيجة نقص وشح المساعدات المالية المقدمة لها، حيث باتت الوكالة تعاني من عجز مالي حقيقي بنحو 140 مليون دولار من إجمالي موازنتها الاعتيادية لسنة 2009[124].

ولكن يمكننا القول أن عملية تراجع أداء وكالة الأونروا لا يعود فقط إلى أزماتها المالية، وإنما يرتبط كذلك بتراجع أداء المشرفين على الوكالة والعاملين فيها، حيث أشارت العديد من المؤسسات الحقوقية الدولية والفلسطينية إلى وجود فساد مالي وإداري في الوكالة. فضلاً عن اعتقاد واسع لدى الفلسطينيين بأن الأونروا لا تتمتع بالشفافية المطلوبة، وأن النفوذ السياسي والمحسوبيات تلعب دوراً في أدائها[125].

وفي هذا السياق ذكر تقرير أصدرته الجمعية الفلسطينية لحقوق الإنسان (راصد) في 2009/11/16، أن "اللاجئ الفلسطيني لم يمر بمرحلة من القسوة والتشرد بمثل ما يمر به في هذه الأيام"، وذلك يعود إلى تقاعس وكالة الأونروا عن تحمل مسؤولياتها تجاه الفلسطينيين اللاجئين في لبنان، من حيث التقليص الكبير لخدماتها، وانتشار الفساد الفادح في شؤونها من جهة، وبسبب تعنت المسؤولين السياسيين الفلسطينيين في لبنان عن أداء واجباتهم تجاه اللاجئين والإسهام في رفع المعاناة عنهم، من جهة أخرى[126].

وأشار التقرير إلى أن وكالة الأونروا بدأت باعتماد سياسة جديدة، بعد بداية العملية السلمية في الشرق الأوسط، واتسمت هذه السياسة بتقليص خدمات الوكالة، بشكل تدريجي وممنهج، طال كافة مجالات الخدمات التربوية والتعليمية والإغاثية، والتشغيل والتوظيف، والاستشفاء والطبابة والخدمات الصحية[127].

كما كشفت اللجنة الأهلية الفلسطينية في لبنان النقاب عن تزايد معاناة اللاجئين الفلسطينيين في لبنان نتيجة تقليص خدمات الوكالة، وحمّلت اللجنة "وكالة الأونروا المسؤولية عن تدهور الأوضاع المعيشية للاجئين الفلسطينيين في لبنان نتيجة تقليص خدماتها في المجالات الصحية والتعليمية والاجتماعية"[128].

أما المذكرة التي وجهتها المؤسسة الفلسطينية لحقوق الإنسان (شاهد) بتاريخ 2009/10/31 للمدير العام للأونروا في لبنان سيلفادور لومباردو Salvatore Lombardo، فقد أشارت إلى أن مؤسسات الأونروا يسودها "بشكل عام ظاهرة المحسوبيات في اختيار الأشخاص لشغل الوظائف المختلفة"، وذلك من خلال "رضوخها للضغوط من القوى السياسية النافذة في المجتمع الفلسطيني"[129].

غير أن وكالة الأونروا رأت أن الادعاءات حول وجود محسوبيات في مجال التوظيف "أمر تواجهه كل المنظمات الكبرى وليس غريباً أن تواجه الأونروا مثل هذه الادعاءات، وهي الجهة الكبيرة الوحيدة التي تؤمن التوظيف للفلسطينيين في لبنان". مؤكدة أنها "تأخذ مثل هذه الادعاءات على محمل الجدّ، ولديها إجراءات صارمة جداً للتأكد من عدم الانحياز والنزاهة والسرية في عملية التوظيف". مطالبة بتزويدها بأي وثائق وبراهين تثبت هذه الادعاءات[130].

وجاء في مذكرة مؤسسة شاهد أيضاً "إن استمرار الأونروا في تخفيض الخدمات المقدمة للاّجئين الفلسطينيين، وإلغاء البعض منها بشكل نهائي...، بحجة النقص في التمويل من الجهات المانحة، والتهرب من تغطية نفقات العمليات الجراحية الباهظة...، يدل على أن المبالغ المقدمة تمّ هدرها في غير محلها"[131].

وأشارت مؤسسة شاهد إلى رواتب الموظفين الكبار من الجنسيات الأجنبية في الأقسام المختلفة، كرؤساء الأقسام والإدارات، وذكرت أن "هؤلاء يتقاضون مرتبات عالية جداً قد تتجاوز الخمسة آلاف دولار"، بالإضافة إلى "تأمين جميع احتياجاتهم". وذكرت المؤسسة أن رواتب الموظفين غير الفلسطينيين الذين يعملون في إعمار مخيم

نهر البارد مثلاً "تبدأ من سبعة آلاف دولار لرؤساء الأقسام من الموظفين العرب، وقد تصل إلى عشرين ألف دولار للموظفين الأجانب". وأشارت المؤسسة إلى أن "هذا هدر واضح لموازنة الأونروا"؛ وتساءلت مؤسسة شاهد: "ألا يتوافر في أوساط اللاجئين الفلسطينيين من تتوافر فيهم المؤهلات لشغل هذه الوظائف، وبمرتبات عادية كمرتبات الدولة المضيفة، وتوفير الفائض من هذه الأموال في تحسين الخدمات المقدمة لا سيّما في الصحة والتعليم؟ وهل أداء هؤلاء الموظفين من غير الفلسطينيين سوف يكون أفضل؟"[132].

ولم تنكر هدى الترك، المسؤولة الإعلامية في الأونروا بلبنان، ما جاء في تقرير مؤسسة شاهد، وقالت: "إننا نهتم بكل ما نسمعه ونقرأه بخصوص انتقادات الأونروا، أو ما يحكى عن عمليات فساد، وبعد التحقيق فيه نحاول معالجته بالطريقة الإدارية في حال الثبوت"[133].

ومن جهته، اتفق الناشط الاجتماعي في مخيمات الجنوب اللبناني علي صادر مع تقرير مؤسسة شاهد على وجود فساد، وذكر أن "أهمه في الوظائف، فالأونروا نشأت لإغاثة وتشغيل الفلسطينيين. ولكن إذا قارنا راتب موظف أجنبي، نجده يساوي عشرة أضعاف موظف فلسطيني من نفس المستوى والاختصاص". وقال: إن "الفساد والتمييز طاغيان بدءاً من الأجانب الذين لا يقبلون السكن بأقل من ثمانمائة دولار كإيجار للشقة، وصولاً إلى عامل النظافة... الأمور تمشي وكأنها بلا رقيب، رغم أنهم يدّعون أنهم مؤسسة دولية وتحت نظام دولي"[134].

وفي الضفة الغربية اتهم عماد أبو سمبل، الناطق باسم اللجان الشعبية لخدمات اللاجئين بالضفة الغربية، الوكالة الأممية بمحاولة تصفية ملف اللاجئين بدوافع سياسية، وقال "ما كان يقدم سابقاً لا يكاد يصل إلى 10% الآن، وكل ما نخشاه كلاجئين بقاء علم الأونروا وزوال الخدمات". ورفض أبو سمبل التذرع بالعجز المالي، خاصة أن ميزانية اللاجئين لا تشكل جزءاً كبيراً من ميزانية الأمم المتحدة، متسائلاً "لماذا لا

يتم معالجة العجز بتقليل رواتب العاملين الأجانب؟"، وهي رواتب خيالية، حسب
قوله[135]. وذكر أن الأونروا جعلت حياة الفلسطينيين في 25 مخيماً في الضفة تسوء بدل
أن تتحسن. وأشار إلى أن لجان اللاجئين الفلسطينيين تخوض "معركة" مع الوكالة
التي تتنصل من كافة مهامها، "فبدلاً من إغاثتهم تحرمهم من الخدمات الأساسية"،
وبدأت تفرغ ذاتها من مضمونها[136].

أما أحمد ذوقان، مدير لجان الخدمات بمخيمات شمال الضفة الغربية، فاعتبر
أن ما تقدمه الأونروا من توزيعات على اللاجئين سنوياً لا يكفي، إذ تحصل الأسرة
اللاجئة كل أربعة شهور على حصة تموينية تقدر بعشرة دولارات، معتبراً ذلك ابتزازاً
للناس ونوعاً من السيطرة والهيمنة من قبل الوكالة، ورفع مسؤوليتها عن اللاجئين.
وقال "هناك تدخلات خارجية لابتزاز اللاجئين"، وأشار إلى أن "حجم التبرعات
والالتزامات الدولية يتم تقليصه، من أجل الضغط على اللاجئين لحل قضيتهم بالطرق
التي تراها تلك الدول"[137].

وأكد ذوقان أن هناك إمكانات كبيرة للأونروا، مشيراً إلى أنها تذهب إلى مصاريف
داخلية على الأجانب العاملين فيها، وقال موضحاً "المدير العام يتلقى راتباً يصل إلى
عشرين ألف دولار، عدا عن السكن وتذاكر السفر، والعاملين في الوكالة يتقاضون
رواتب أكثر من المخطط للاجئين في التوزيعات التموينية"[138]. واتهم ذوقان الأونروا
بزيادة نفقاتها من خلال تشغيل عدد كبير من الموظفين بشكل لا يتناسب وحجم
البرامج الموجودة، قائلاً: "30% فقط هو ما يقدم للاجئين من خدمات، و70%
تصرف على نفقات الموظفين في وكالة الغوث"[139].

وفي هذا السياق يشير منسق اللجان الشعبية لخدمات اللاجئين بمنطقة نابلس
إبراهيم صقر إلى أن الوكالة، في الوقت الذي تدعي فيه أن تقليص الخدمات نابع
من قلة الميزانية المخصصة لدعمها، وتقوم بطرد 312 فلسطينياً يعملون على برنامج
الطوارئ، "قد جلبت خمسة موظفين أجانب يتلقون رواتب ضخمة جداً تعادل

رواتب الموظفين المطرودين كلهم". مؤكداً أن تقليص الأونروا لخدماتها نابع من توجه سياسي يقضي بإنهاء قضية اللاجئين، وتحويلها من قضية سياسية عالمية إلى مجرد أناس فقراء يقطنون المخيمات، ويحتاجون لمساعدات إنسانية[140].

أما في قطاع غزة فإن للاعتبارات السياسية دورها في علاقة الأونروا والحكومة، ففي حين تتهم الوكالة الحكومة بغزة بمصادرة مساعدات عينية مخصصة للقطاع، وهو ما نفته الحكومة، يتهم وزير الشؤون الاجتماعية في الحكومة في قطاع غزة أحمد الكرد الأونروا بالإحجام عن التعاون مع وزارته، ويتهم الوكالة بتقديم بعض مساعداتها إلى منظمات غير حكومية لها أجندة سياسية، كما اتهم الوكالة بأنها تفتقر إلى "الحيادية والشفافية"[141].

وجاء ذلك بعد فترة قصيرة من توسيع الوكالة لقوائم مساعداتها لتشمل موظفي السلطة الفلسطينية الذين يتلقون رواتبهم من الحكومة التي يرأسها سلام فياض[142]، على الرغم من تشديد منسق الشؤون الإنسانية في الأمم المتحدة جون هولمز John Holmes على أن الأمم المتحدة لن تقبل بأي حال بذهاب المساعدات إلى أحد أطراف الصراع الفلسطيني الداخلي[143].

ومن الأمور التي ينتقد فيها الأهالي والتربويون والحقوقيون وكالة الأونروا، "سياسة الترفيع التلقائي" التي تتبعها الوكالة في مدارسها في كافة المراحل الدراسية. ويشير مدير إحدى المدارس الابتدائية التابعة للأونروا إلى أنّ نسبة 10% فقط من تلامذة الصف الثالث يعيدون سنتهم الدراسية، أما الآخرون فيُرفعون تلقائياً، ثم تزداد النسبة في الرابع والخامس والسادس لتصل إلى 15%. وبالنسبة إلى صفوف المرحلة المتوسطة، فإنّ نسبة الرسوب تتراوح بين 15 و20%، وترتفع النسبة أكثر لتصل إلى 30% في الثانوي الأول و15% في الثانوي الثاني[144].

وكرد عملي يبين الرفض للأسلوب الذي تتعامل فيه إدارة الوكالة مع قضايا اللاجئين والموظفين، قرر رؤساء اتحادات الموظفين الأونروا في مناطق عمل الوكالة

الخمس أن يتوقف زهاء 30 ألف عامل عن العمل في جميع مناطق عمليات الأونروا ساعة واحدة صباح يوم الاثنين 2009/3/2. إذ اجتمع رؤساء الاتحادات، وأعلنوا رفضهم للوعود المتكررة التي تستخدمها الوكالة باستمرار للتذرع بعجز الميزانية، وشح الموارد، التي قالوا إنهم يعتقدون أن هذا العجز "قد يكون نتيجة لفساد مالي وموازنات مضللة"[145]. واتفق المجتمعون على أن ما تقوم به إدارة الوكالة من تقليص في عدد الموظفين المحليين، والخدمات الأساسية للاجئين، إنما هي أمور بالغة الحساسية والخطورة، لا سيّما أن الإدارة تقوم بتعيين موظفين دوليين في أقسام الإدارة المساندة، وهذا لا يتفق مع أي منطق إداري سليم. وبينوا أن كلفة تعيين نائب إضافي لكل مدير عمليات تعادل تقريباً كلفة تعيين عشرين معلماً أو ثلاثين عامل نظافة، في الوقت الذي نحن بحاجة إلى معلمين وعمال نظافة وأطباء وأدوية وكتب مدرسية[146].

ومن الأمور التي أثارت غضباً في الأوساط الفلسطينية، الأخبار التي ذكرت أن وكالة الأونروا اتخذت قراراً بإدخال مادة حول ما يوصف بالمحرقة اليهودية أو الهولوكست في مناهج تعليم الفلسطينيين. وهو ما نفته الوكالة على لسان الناطق باسمها في قطاع غزة عدنان أبو حسنة[147]. كما نفت المفوض العام لوكالة الأونروا كارين أبو زيد وبشـدة، ما أشيع حول تضمين منهج حقوق الإنسان الذي يدرسه طلبة الوكالة في قطاع غزة موضوع المحرقة اليهودية[148]. إلا أنه ونتيجة لرفض الأونروا تدريس مادة المحرقة في مدارس الأونروا، طالب مركز سيمون ويزنتال Simon Wiesenthal Center، والذي يعد أكبر مؤسسة يهودية لحقوق الإنسان في العالم، ويضم أكثر من 400 ألف عضو، بإقالة كارين أبو زيد ومدير عمليات الأونروا في قطاع غزة جون جنج[149].

ومما يدل على عدم رضى اللاجئين الفلسطينيين عن أداء وكالة الأونروا التي أنشئت من أجل خدمتهم، وبات وجودها وأداؤها مؤشراً سياسياً يوضح مدى اهتمام العالم بقضيتهم إلى حين حلها بشكل عادل، ما جاء في استطلاع للرأي أجراه مركز العودة الفلسطيني- لندن، ومنظمة ثابت لحق العودة – بيروت، وتجمع العودة الفلسطيني

(واجب) – سورية، في مخيمات اللاجئين الفلسطينيين في سورية ولبنان في الفترة الممتدة بين 17 و2009/10/25، إذ تبين أن 69.7% من اللاجئين المستطلعة آراؤهم غير راضين عن أداء وكالة الأونروا، فيما رأى أكثر من 64.1% أن هناك تراجعاً كبيراً في خدماتها المقدمة للاجئين الفلسطينيين، وذكر 86% أن خدمات الوكالة غير كافية، و55.5% أن خدمات العمل الإغاثي ضعيفة، و44.9% أن الخدمات الصحية ضعيفة، ورأى 35.5% أن الخدمات التعليمية كافية؛ وعلى الرغم من ذلك كله فقد أكّد 92% تمسكهم بوكالة الأونروا[150].

2. دور الأونروا بعد اتفاقات أوسلو:

إن تراجع أداء وكالة الأونروا ومهامها مرتبط بالإرادة السياسية الدولية، والجهود الهادفة لتحقيق الإنهاء التدريجي لعمل الوكالة، نظراً لما يحمله استمرارها من معنى ومغزى سياسياً يتعلق ببقاء وديمومة قضية اللاجئين الفلسطينيين.

فبعد مرور أكثر من ستين سنة على تأسيس الوكالة الدولية ثمة جدل واسع يطرح حول دور الأونروا ومستقبلها، خصوصاً مع الحديث الدائم حول آفاق عملية التسوية السياسية ومستقبلها، التي يرتبط بها مستقبل الأونروا. فعلى الرغم من أن الأونروا لم تعرّف نفسها سياسياً في أي من أدبياتها، واقتصر دورها على الجانب الإغاثي والاجتماعي والتنموي، إلا أنها لا تفارق تفكير الفلسطيني السياسي، بل وقد يرتبط واقعها في كثير من الأحيان بالتطورات السياسية. وعلى الرغم من كل التعريفات التي أنتجتها الأونروا واعتمدتها لطبيعة عملها، إلا أنها لم تكن لتنشأ لولا العامل السياسي الذي رسم عنواناً سياسياً عريضاً للقضية الفلسطينية من خلال قضية اللاجئين الفلسطينيين وحق العودة[151].

وفي الوقت الذي أكد فيه المجتمع الدولي على حق العودة للاجئين الفلسطينيين، فإن ممارسة الدول الكبرى كانت دوماً باتجاه توطينهم؛ وعلى الرغم من أن الأونروا قد أسهمت في توفير الإغاثة والمعونة للاجئين، ولكن أنشطتها وبرامجها المبكرة هدفت إلى توطينهم من خلال عمليات التطوير الاقتصادي[152].

كما أخذت الولايات المتحدة الأمريكية على عاتقها منذ عهد الرئيس هاري ترومان Harry Truman، الذي تولى الرئاسة في الفترة ما بين 1945/4/12 و1953/1/20، منع عودة اللاجئين الفلسطينيين إلى ديارهم، وتوطينهم ودمجهم الاقتصادي في المحيط العربي، وهو ما أعلنه ممثل الولايات المتحدة في "لجنة التوفيق الدولية الثلاثية حول فلسطين" United Nations Conciliation Commission for Palestine (UNCCP)، التي ألفتها الجمعية العامة للأمم المتحدة من ممثلي فرنسا وتركيا والولايات المتحدة، وأقرها بروتوكول لوزان Lausanne Protocol في 1949/5/12 [153]؛ حيث أعلن ممثل أمريكا في الاجتماع الذي عقد في بيروت بتاريخ 1949/3/21 [154] أن "إسرائيل لا تقبل عودة اللاجئين، والخير أن تنفذ قرارات الأمم المتحدة عملياً بدلاً من التمسك بها نظرياً، وهناك حقيقة واقعة وهي أن جميع اللاجئين لن يعودوا... فمن الصعب أن يعود هؤلاء اللاجئون لأقاليم يسكنها قوم غرباء عنهم. فيجب التفكير في إعادة توطينهم من جهة، وإعداد المشروعات اللازمة لعودتهم للحياة العادية"[155].

ومن أجل ذلك أيدت الحكومة الأمريكية إنشاء وكالة الأونروا كفرصة لتوطين اللاجئين الفلسطينيين في خارج ديارهم، وتكفلت بالجزء الأكبر من ميزانيتها. وضغطت على الدول العربية كي تفتح أبوابها أمام الفلسطينيين للعمل فيها وبأجور مغرية جداً، وتسهيل كل السبل أمامهم لنسيان الوطن والقضية، كما حاولت أن تغري بعض الدول العربية لتوافق على توطين اللاجئين في بعض أراضيها. كما حددت الولايات المتحدة منذ ذلك التاريخ، تاريخ معين تتوقف عنده عن تقديم المساعدات للاجئين، وذلك لإجبارهم على الاندماج في البلدان التي هُجروا إليها. وهذا ما حدث فعلاً من طرف الولايات المتحدة منذ سنوات، وأدى إلى توقف كثير من أوجه الدعم والخدمات التي كانت تقدمها الوكالة للاجئين نتيجة النقص الحاد في موارد تمويلها[156].

في البدايات حاولت الأونروا الخروج عن المهام التي أنشئت من أجلها، وهي تقديم الإغاثة المباشرة وإقامة برامج تشغيلية للاجئين الفلسطينيين، حيث بدأت بحرمان اللاجئين خارج مناطق عملها من أي خدمات، وبالتالي حرمانهم من حقوقهم كلاجئين. كما قامت الأونروا، من خلال تقديم القروض، بمحاولة دمج اللاجئين في أماكن تواجدهم، من خلال إيجاد أعمال أو عمل يغنيه عن الأونروا، وهذا قد يُفسر بأنه تجاوزٌ لعمل الوكالة بالتشغيل الذي قد يؤدي إلى التوطين.

ومن المشاريع التي حاولت وكالة الأونروا دمج اللاجئ الفلسطيني في الدول التي لجأوا إليها، مشروع بلاندفورد، والذي قدمه جون بلاندفورد John Blandford، الوكيل المساعد للمدير العام للأونروا، إلى الجمعية العامة للأمم المتحد في باريس في 1951/12/11. واقترح بلاندفورد تخصيص ميزانية قوامها 250 مليون دولار تقدم إلى اللجنة السياسية لجامعة الدول العربية من أجل حلّ مشكلة اللاجئين، يصرف منها 200 مليون دولار في سبيل دمج اللاجئين، فيما يستخدم الباقي في إنشاء مساكن وتأهيل حياة أفضل لهم[157].

وفي 1952/10/13 اتفقت الأونروا مع الحكومة السورية على إقامة مشروع الجزيرة لتوطين اللاجئين، وخصصت الأونروا مبلغ 30 مليون دولار للقيام بمشاريع تهدف إلى تأهيل الفلسطينيين في سورية[158]. وفي سنة 1953 وقعت الحكومة المصرية مع الأونروا اتفاقاً يهدف إلى إقامة مشاريع للاجئين في سيناء، وقدر عدد الذين سيستوعبهم "مشروع سيناء" بنحو 214 ألف شخص[159]. غير أن اللاجئين الفلسطينيين في قطاع غزة قاموا بإفشال هذا المشروع.

كما قدم الأمين العام للأمم المتحدة داغ همرشولد Dag Hammarskjöld ورقة إلى الجمعية العامة في دورتها الرابعة عشر سنة 1959 وتحمل رقم أ/4121 تتضمن مقترحات بشأن استمرار الأمم المتحدة في مساعدة اللاجئين الفلسطينيين. واقترح فيها

توسيع برامج تأهيلهم وتعزيز قدراتهم على إعالة أنفسهم، والاستغناء عن المساعدات التي تقدمها إليهم وكالة الأونروا، وتوطينهم في الأماكن التي يوجدون فيها، مع مناشدة الدول العربية المضيفة للاجئين التعاون مع الوكالة الدولية[160].

وبرزت عدة محاولات إسرائيلية ترمي إلى التخلّص من وكالة الأونروا أو تقليص حجمها ونشاطها، كالخطة التي اقترحها ثلاثة أكاديميين إسرائيليين في أوائل سبعينيات القرن العشرين، والتي ترمي إلى نقل عبء مسؤولية اللاجئين إلى الحكومة الإسرائيلية بدلاً من الأونروا، على أن يُصار إلى دمج المخيمات في المدن[161].

غير أن مؤتمر مدريد للسلام في الشرق الوسط، الذي عُقد في إسبانيا في 1991/10/30، والمفاوضات المتعددة بين الجانبين الفلسطيني والإسرائيلي شكلا منعطفاً في حياة وكالة الأونروا ومسارها. فقد بدأت الأونروا بتغيير وظيفتها المحددة لها بالقرار 302 بإغاثة وتشغيل اللاجئين، إلى عمل تنمية اجتماعية، أي بإعطاء أولوية لمشاريع تأهيل اللاجئين في الضفة الغربية وقطاع غزة، عبر توفير البنية التحتية، بما يؤدي بالنهاية للاستغناء التدريجي عن خدماتها، مما يتيح لها الانسحاب التدريجي من المناطق الفلسطينية[162].

وبدأ هذا الموضوع يسير بشكل هادئ وخاصة بعد اتفاق أوسلو في 1993/9/13، حيث أطلقت الأونروا في شهر تشرين الأول/ أكتوبر 1993 "برنامج تطبيق السلام" Peace Implementation Plan (PIP) بتمويل من 22 دولة مانحة، وبلغت موازنة البرامج التي وضعت في الأراضي الفلسطينية المحتلة بمقدار 83.5 مليون دولار، وكان أبرز أهداف هذه الخطوة إشعار اللاجئين الفلسطينيين بأن السلام سيأتي مع أوسلو، وبالتالي يصبح سعي اللاجئين إلى الخدمات الإنسانية على حساب حقهم في العودة وقبولهم بالتوطين حلاً نهائياً لقضيتهم[163].

إن المنحى العام لموضوع "برنامج تطبيق السلام" تعمق في سنة 1995، حيث صدر تقرير المفوض العام للوكالة بعنوان "منظور خمس سنوات لإنهاء عمل الوكالة"،

ويقوم المشروع على فرضية تقدم عملية التسوية، والانسحاب التدريجي بموازاة ذلك للوكالة من مهامها ومسؤولياتها الدولية، فجرى استحداث موازنة خاصة لمشاريع دعم السلام، وهي مشاريع غير متكررة. وخطة للمواءمة بين خدمات الوكالة ومثيلاتها في الدول المضيفة، بهدف إحالتها إلى هذه الدول، وبدأ صندوق المشاريع يتغذى على حساب المساعدات المخصصة للموازنة العادية التي شهدت تراجعاً وعجزاً طردياً وسنوياً تقريباً، وعملت الوكالة على إعادة هيكلة موازنتها السنوية على أساس صندوقين، صندوق الموازنة العادية لتوفير خدمات التعليم والصحة والخدمات الاجتماعية[164]. وطرح "برنامج تطبيق السلام" بشكل صريح في تقرير المفوض العام للأونروا (1998-1999)، وكان ملموساً من عمل الأونروا أنها توائم عملها مع مقتضيات اتفاق أوسلو[165].

ومع أن برنامج تطبيق السلام شمل أيضاً الأردن ولبنان وسورية، فإن قيمة التبرعات للبرنامج في الأردن ولبنان وسورية بلغت عند بدايته نحو 10% من قيمتها في الضفة والقطاع[166].

كما شهدت وكالة الأونروا، بعد التوقيع على اتفاق أوسلو، عدة متغيرات مترابطة شكلت انعطافة في تاريخ الوكالة، وانتقالاً من الوظيفة التي أنشئت من أجلها باعتبارها مؤشراً على استمرار معاناة اللاجئين وضرورة وقفها من خلال تطبيق القرار 194، إلى وظيفة أخرى متكيفة مع الوجهة السياسية لعملية أوسلو بمؤشراتها، ومنها قضايا التأهيل والدمج في المجتمع المحلي التي تتعامل معها لجنة اللاجئين المتعددة، والتي تشارك الأونروا في أعمالها منذ انطلاقتها سنة 1992[167].

وشاركت وكالة الأونروا في أعمال لجنة اللاجئين المتعددة وانسجمت مع وجهتها السياسية، وواكبت من خلال التغيرات متطلبات المرحلة الانتقالية على المسار الفلسطيني، مما انعكس على ميزانيتها وهيكل عمالتها، فتوارت المشاريع مع الميزانية العادية، وبرز نهج المواءمة بين خدمات الوكالة والدول المضيفة[168]. وترأست كندا لجنة

اللاجئين المتعددة، وحددت آلية الحوار فيها، باجتماعات تنسيقية شارك بها أربعون دولة، وكانت آلية الحوار التي اعتمدت للجنة اللاجئين المتعددة تسير على محورين[169]:

- تطوير البنية الاجتماعية والاقتصادية لتجمعات اللاجئين بالتعاون مع الدول المضيفة.
- دعم عمل سلمي عبر توفير مقومات التأهيل والتوطين حيثما يتفق عليه.

كما كان الحوار داخل اللجنة يهدف إلى تأسيس أرضية للانتقاص من حق العودة؛ حيث اعترضت "إسرائيل" على رئاسة إلياس صنبر للوفد الفلسطيني في اللجنة لأنه من فلسطينيي الشتات، وتم إبداله بمحمد حلاج[170].

وبعد أن عقدت الأونروا اجتماعها السنوي غير العادي في العاصمة الأردنية عمّان في 8-1995/2/9، بحضور ممثلي 26 دولة، ودول الاتحاد الأوروبي ومنظمة التحرير الفلسطينية، رفعت تقريراً إلى اللجنة الرباعية الدولية، التي تضم روسيا والولايات المتحدة والإتحاد الأوروبي والأمم المتحدة، تحت عنوان: "الأونروا والفترة الانتقالية: منظور خمس سنوات لدور الوكالة ومتطلباتها المالية"، أشارت فيه إلى أن من أهداف اتفاقات السلام الموقعة بين الفلسطينيين و"إسرائيل"، مراجعة دور الأونروا خلال خمس سنوات، وحتمية إنهاء أعمالها فور حل مسألة اللاجئين[171].

وتعرض الأونروا في هذه الوثيقة تقويم دورها في الفترة الانتقالية، ومسألة تسليم خدماتها، وإنهاء أعمالها فور التوصل إلى حل لمشكلة اللاجئين. وترتكز هذه الوثيقة على فرضية استمرار عمل الوكالة طوال الفترة الانتقالية. وترتكز أيضاً على أن المفاوضات حول مسألة اللاجئين سوف تتم خلال هذه الفترة لتبدأ بعد ذلك تصفية أعمال الأونروا. وترى الوكالة أنه ينبغي إجراء مراجعة لخدماتها بعد السنة الثالثة من فترة السنوات الخمس الانتقالية، بالتشاور مع الأطراف المعنية في ضوء مزيد من تطورات عملية السلام.

وأشارت الأونروا في تقريرها إلى أنه إذا رغبت السلطة الفلسطينية في تسلم المسؤولية عن برامج الوكالة في الضفة الغربية وقطاع غزة في أي وقت قبل المراجعة، فإن الأونروا ستفعل كل ما في وسعها لتسليم ميسر وفوري[172].

وفي سنة 1995 قامت الأونروا بنقل رئاستها من العاصمة النمساوية فيينا إلى غزة، وذلك عملاً بقرار الأمين العام للأمم المتحدة وقرار الجمعية العامة[173].

كل هذه التطورات شجعت المفاوض الفلسطيني والإسرائيلي على إطلاق مبادرات أو اتفاقات أو تفاهمات تطرقت إلى عدد من قضايا الوضع النهائي مثل: وضع مدينة القدس ومشكلة اللاجئين وعلاقتها بدور الأونروا واستمرارها؛ وأبرز المبادرات هي:

أ. اتفاقات أوسلو: أرجأ اتفاق أوسلو مسألة اللاجئين إلى المرحلة النهائية من المفاوضات. وبدلاً من أن يتركز الاتفاق على جميع قرارات الشرعية الدولية دون أي تمييز، يلاحظ أن الاتفاق اعتمد، وبصورة أساسية، على قراري مجلس الأمن رقم 242 و338 دون القرار رقم 194[174]. ولا بد من الإشارة هنا إلى أن القرار 242 يطالب بتحقيق حل عادل لمشكلة اللاجئين، وأمّا القرار 194 فيمنح اللاجئ حق تقرير مصيره.

وكذلك كانت اتفاقية طابا (أوسلو 2)، والتي وقعت في 1995/9/28، وغيرها من الاتفاقيات التي وقعت بين الجانبين الفلسطيني والإسرائيلي، حيث لم تأتِ هذه الاتفاقيات على ذكر قضية اللاجئين، بل حولتها إلى مفاوضات الحل النهائي.

ب. وثيقة بيلين – أبو مازن، والتي أخذت اسم "مشروع معاهدة لقضايا الحل النهائي": ورد في البند السابع من وثيقة بيلين – أبو مازن The Beilin-Abu Mazen Document التي وقعها عن الجانب الفلسطيني محمود عباس (أبو مازن) ويوسي بيلين Yossi Beilin، وزير العدل في حكومة إسحق رابين Yitzhak Rabin، عن الجانب الإسرائيلي، في سويسرا في 1995/10/31، أن على

الطرفين الفلسطيني والإسرائيلي تأسيس "اللجنة الدولية للاجئين الفلسطينيين" كهيئة دولية جديدة تعمل على إعادة تأهيل اللاجئين، وتأمين استيعابهم في دول وأماكن إقامتهم، والعمل على تطوير الأوضاع المعيشية والاقتصادية والاجتماعية، وتذويبهم في الحياة اليومية للمجتمعات التي يعيشون في محيطها[175]؛ وبالتالي تحلّ هذه الهيئة محل وكالة الأونروا.

ج. مقترحات كلينتون: تقدم الرئيس الأمريكي بيل كلينتون Bill Clinton في نهاية ولايته الثانية بمقترحات جديدة. لم تعط أي فرصة للاجئين لممارسة أي شكل من أشكال حق العودة إلى الديار وفقاً للقرار رقم 194. فقد اعتمدت على الشق الثاني من القرار الذي نص على دفع التعويضات لقاء الخسائر التي تكبدوها، جراء طردهم من ديارهم وأراضيهم، في حين أسقطت الشق الأول من القرار والقاضي بوجوب عودة اللاجئين إلى أراضيهم وأملاكهم التي اقتلعوا منها. كما دعت المقترحات المجتمع الدولي لتحمل مسؤولياته، لدفع تعويضات للاجئين أو توطينهم في البلدان التي يقيمون بها، أو إفساح المجال أمامهم للإقامة في بلدان أخرى خارج "دولة إسرائيل" وذلك تمشياً مع القرارات السيادية لتلك الدول، وحسب احتياجاتها واعتباراتها الأمنية[176].

د. ورقة موراتينوس: مقترحات الحل النهائي للصراع الفلسطيني – الإسرائيلي: وهي ورقة أوروبية غير رسمية أعدها ميغيل أنخل موراتينوس Miguel Ángel Moratinos، مبعوث الاتحاد الأوروبي الخاص بعملية السلام في الشرق الأوسط، بعد مشاورات مع الجانبين الإسرائيلي والفلسطيني الحاضرين في طابا في كانون الثاني/ يناير 2001. وعلى الرغم من أن الورقة لا تحمل أي صفة رسمية، فإنها ذكرت أن الجانبين الفلسطيني والإسرائيلي وافقا على وجوب أن تنهي وكالة الأونروا أعمالها، بحسب جدول زمني متفق عليه يمتد لخمس سنوات. وأضاف الجانب الفلسطيني تعديلاً يسمح بتمديد هذه الفترة، بحيث تخضع لتطبيق الجوانب الأخرى في الاتفاق المتعلقة باللاجئين، ولإنهاء المسائل المرتبطة بوضع اللاجئين الفلسطينيين في الأماكن المختلفة[177].

هـ. مبادرة السلام العربية: أكدت مبادرة السلام العربية التي تبناها مجلس جامعة الدول العربية على مستوى القمة المنعقد في دورته العادية الرابعة عشر في 27-2002/3/28، والتي أعاد وزراء الخارجية العرب تبنيها في 2007/3/26، على أن "التوصل إلى حل عادل لمشكلة اللاجئين الفلسطينيين يتفق عليه وفقاً لقرار الجمعية العامة للأمم المتحدة رقم 194"[178].

و. خطة أيالون – نسيبة: شددت خطة أيالون – نسيبة Nusseibeh – Ayalon Plan، والتي وقعها كل من سري نسيبة، مسؤول ملف القدس في منظمة التحرير الفلسطينية ورئيس جامعة القدس الفلسطينية، وعامي أيالون Ami Ayalon، رئيس جهاز الشاباك الإسرائيلي الأسبق والقيادي في حزب العمل، في 2002/7/27، على ضرورة تعويض اللاجئين الفلسطينيين، وذلك انطلاقاً من الاعتراف بمعاناتهم. وطلب أيالون ونسيبة في خطتهما من الأسرة الدولية منح التعويض لتحسين وضع اللاجئين الساعين إلى البقاء في الدولة التي يعيشون فيها، أو الساعين إلى الهجرة إلى دولة ثالثة[179]؛ مما يعني عملياً إنهاء خدمات وكالة الأونروا.

ز. اتفاقية جنيف أو وثيقة بيلين – ياسر عبد ربه والتي سميت بـ"مسودة اتفاقية الحل النهائي": جاء في اتفاقية جنيف Geneva Initiative التي وقعها عن الجانب الفلسطيني عضو اللجنة التنفيذية لمنظمة التحرير الفلسطينية ياسر عبد ربه، وعن الجانب الإسرائيلي يوسي بيلين، رئيس حزب ياحد Yahad في تلك الفترة، في 2003/11/1، أن الطرفين الفلسطيني والإسرائيلي يعترفان بضرورة التوصل إلى اتفاق متبادل حول قضية اللاجئين، لكن من دون أن يأتيا على ذكر حق العودة للاجئين الفلسطينيين. ويمكن للاجئين وفق الاتفاقية الإقامة في الدولة الفلسطينية الجديدة أو في بلد آخر. وقد يتمكن البعض منهم من العودة إلى "دولة إسرائيل"، التي تحدد وحدها عددهم، حيث أشار نص الوثيقة إلى أن خيار العودة إلى "دولة إسرائيل" بحسب ما جاء في نص الوثيقة، سيكون

55

"خاضعاً لسيادة دولة إسرائيل وحدها"[180]؛ ما يعني أن اتفاقية جنيف أسقطت عملياً حق العودة.

وطالبت الاتفاقية بتأسيس "مفوضية دولية تكون مسؤولة بشكل كامل وحصري عن تنفيذ كافة الجوانب المتعلقة باللاجئين"، لتحل محل وكالة الأونروا، التي طالبت الوثيقة بإنهاء خدماتها، حيث جاء في الاتفاقية[181]:

"أ. يتم إلغاء الأونروا في كل بلد تعمل فيها، على أساس إنهاء وضعية اللاجئ في تلك البلد.

ب. يجب أن تصفّي الأونروا أعمالها في غضون خمس سنوات من بدء عمليات المفوضية وترسم المفوضية خطة إزالة الأونروا وتسهل عملية نقل وظائف الأونروا إلى الدول المضيفة".

وفي 2008/6/23 دعا بيلين إلى "حل الوكالة الدولية (الأونروا) واستبدالها بالمفوضية العليا لشؤون اللاجئين (UNHCR)"[182].

ح. خريطة الطريق: في 2002/6/24 ألقى الرئيس الأمريكي جورج بوش George W. Bush خطاباً شاملاً عن الوضع في الشرق الأوسط، تحدث فيه عن رؤيته لدولتين تعيشان في سلام وأمن هما دولتا فلسطين و"إسرائيل"، وحدد فيه ملامح فكرة مشروع خريطة الطريق[183]. وكان الإعلان عن النص الرسمي لخريطة الطريق في 2003/4/30، ونشرته وزارة الخارجية الأمريكية، وتشير نصوص خريطة الطريق بشكل عابر إلى مسألة اللاجئين وحلها، حيث جاء في نص الخريطة ضرورة الاتفاق على "حل مُتفق عليه ومُنصف وعادل وواقعيّ لقضية اللاجئين"[184].

ط. وثيقة إكس آن بروفانس: نشرت جريدة هآرتس Haaretz الإسرائيلية في 2007/11/24 وثيقة إسرائيلية فلسطينية تحت اسم إكس آن بروفانس[185] Aix-en-Provence، أعدتها مجموعة إكس[186] Aix Group، وشارك في صياغتها صائب بامية، المستشار الاقتصادي للاتحاد العام للصناعات

56

الفلسطينية، ونائب وزير الاقتصاد الفلسطيني السابق، وبروفيسور الاقتصاد في جامعة بن غوريون آريه أرنون Arie Arnon، ووقع عليها كذلك القائم بأعمال رئيس الوزراء الإسرائيلي حاييم رامون Haim Ramon. واقترحت الوثيقة حلاً لمشكلة عودة اللاجئين الفلسطينيين، يتمثل في إسقاط هذا الحق مقابل التعويض، وتوطين نسبة منهم في الأماكن التي يتواجدون بها حالياً. وبحسب الوثيقة فإن تكلفة حل مسألة العودة تتراوح بين 55 و85 مليار دولار[187].

ويضاف إلى هذه الاتفاقيات والمبادرات العديد من الدراسات والتصريحات التي دعت إلى تصفية الأونروا، وليست آخرها الدراسة التي نشرها معهد واشنطن لدراسات الشرق الأدنى The Washington Institute for Near East Policy في كانون الثاني/ يناير 2009، وحملت عنوان "إصلاح الأونروا، إصلاح مشاكل نظام الأمم المتحدة لمساعدة اللاجئين الفلسطينيين"، حيث اقترحت اتخاذ عدة خطوات من شأنها تهميش دور الوكالة، ومن ثم زوالها. وينطلق اقتراح الدراسة بالأساس من العمل على تخفيض نشاط الأونروا في بعض المناطق، والإبقاء على أنشطتها في بعضها الآخر وبشكل مؤقت، وتوكيل "اللجنة العليا لشئون اللاجئين التابعة للأمم المتحدة" بهذه المهام المنتقصة من الوكالة، والعمل على تحسين الخدمات المقدمة من الأخيرة خلال هذه الفترة المؤقتة[188].

الخاتمة

ارتبط إنشاء وكالة الأونروا بوصفها مؤسسة دولية تابعة للأمم المتحدة بقضية اللاجئين الفلسطينيين، حيث شكلت عنواناً سياسياً لهذه القضية، وإن كان قرار تأسيسها قد انبنى على تخفيف معاناة اللاجئين من ناحية إنسانية، إلى حين عودتهم إلى ديارهم التي هُجِّروا منها بسبب حرب 1948، وقيام "إسرائيل". ومن هنا شكلت الأونروا من الناحية النظرية اعترافاً دولياً بوجود مأساة للاجئين الفلسطينيين يتحمل المجتمع الدولي المسؤولية عنها من خلال التزامه بتمويل الوكالة للعمل على تخفيف معاناة اللاجئين.

تأسست الأونروا في 1949/12/8 بقرار من الجمعية العامة للأمم المتحدة، وابتدأت عملها في أيار/ مايو 1950 في خمس مناطق يتواجد فيها اللاجئون الفلسطينيون، حيث أخذت تقدم خدمات الرعاية الصحية والتعليم والإعانات الاجتماعية. وتقوم الأونروا بتقديم خدماتها من خلال موازنات مدعومة من الدول المانحة، وتسهيلات من الدول المضيفة. وتخضع هذه الموازنات في الغالب لاشتراطات المانحين وتوجهاتهم السياسية؛ إذ أن التزامات الدول المانحة هي التزامات طوعية. ويضاف إلى ذلك نقد يوجه إلى الوكالة حول قضايا تتعلق بالفساد والمحسوبيات في التوظيف، فضلاً عن الهدر المالي والتمييز الصارخ بين رواتب وامتيازات الموظفين المحليين والموظفين الأجانب.

أدت عملية التسوية بين الفلسطينيين والإسرائيليين دوراً في تراجع عمل الأونروا، لأنها شكلت أحد مضامين الملفات الأكثر تعقيداً في عملية التسوية النهائية، وهي قضية اللاجئين، وحقهم في العودة إلى ديارهم التي هُجِّروا منها. ومن هنا تناولت المفاوضات والمبادرات المطروحة العديد من التصورات والمشاريع، التي ركزت بمجملها على ضرورة إنهاء عمل الأونروا بوصفه خطوة أولى وضرورية في حل ملف اللاجئين الفلسطينيين. وهو ما يمكن أن يفرض بسهولة من خلال تقليص خدمات

الأونروا، ومساعدات الدول المانحة. ولذلك يربط اللاجئون الفلسطينيون، وهو ما أكدته استطلاعات رأي جرت مؤخراً، بين وجود الأونروا واستمرارها ووجود قضية اللاجئين، وهو أمر يفسر تمسكهم ببقاء هذه الوكالة الدولية ما دامت قضيتهم تفتقر إلى الحل العادل.

وهنا يمكن التساؤل، إن كانت الأونروا وجدت، كحلٍ مؤقت أوجبته صدمة مشاهد معاناة التهجير، على أن يتم العمل على إعادة الأمور إلى نصابها؟. أم أن الوكالة الدولية كانت خطوة سياسية ضرورية ضمن مخطط لإنهاء الوجود الفلسطيني على أرض فلسطين نهائياً وتوطينهم خارج ديارهم، وإتاحة المجال لقيام "إسرائيل" كوطن قومي يهودي غير ملزم بعودة أصحاب الأرض الأصليين.

الهوامش

[1] موقع وكالة الأونروا، لمحة عامة عن الأونروا، نظرة شاملة، انظر:
http://www.unrwa.org/atemplate.php?id=54

[2] المرجع نفسه.

[3] "International Conference on Palestine Refugees and united nations NG meeting on Palestine Refugees," Held at UNESCO Headquarters, Paris, 26-28/4/2000, http://unispal.un.org/UNISPAL.nsf/85255db800470aa485255d8b004e349a/cc88ae78e3d9eaf1852569de00534f77?OpenDocument

[4] موقع الأونروا، لمحة عامة عن الأونروا، نظرة شاملة.

[5] موقع الأونروا، لمحة عامة عن الأونروا، انظر: http://www.unrwa.org/atemplate.php?id=53

[6] See General Assembly of the United Nation, resolution 302(4), 8/12/1949, http://daccess-dds-ny.un.org/doc/RESOLUTION/GEN/NR0/051/21/IMG/NR005121.pdf?OpenElement

[7] نجوى حساوي، **حقوق اللاجئين الفلسطينيين بين الشرعية الدولية والمفاوضات الفلسطينية – الإسرائيلية** (بيروت: مركز الزيتونة للدراسات والاستشارات، 2008)، ص 105.

[8] **المرجع نفسه**، ص 105.

[9] **المرجع نفسه**، ص 104.

[10] US Letter of Assurance to the Palestinians, *Le monde diplomatique*, France, 18/10/1991, http://www.monde-diplomatique.fr/cahier/proche-orient/madrid-garantie-en

[11] نجوى حساوي، **مرجع سابق**، ص 107؛ وانظر:
General Assembly of the United Nation, resolution 2252, 4/7/1967, http://daccess-dds-ny.un.org/doc/RESOLUTION/GEN/NR0/209/12/IMG/NR020912.pdf?OpenElement

[12] موقع الأونروا، ميادين عمل الأونروا، انظر: http://www.unrwa.org/atemplate.php?id=86

[13] موقع الأونروا، برامج الأونروا، انظر: http://www.unrwa.org/atemplate.php?id=66

[14] موقع الأونروا، برامج الأونروا، برنامج التعليم، انظر: http://www.unrwa.org/atemplate.php?id=67

[15] موقع الأونروا، برامج الأونروا، برنامج الصحة، انظر:
http://www.unrwa.org/atemplate.php?id=71

[16] موقع الأونروا، برامج الأونروا، برنامج الإغاثة والخدمات الاجتماعية، انظر:
http://www.unrwa.org/atemplate.php?id=75

[17] موقع الأونروا، برامج الأونروا، برنامج التمويل البسيط، انظر:
http://www.unrwa.org/atemplate.php?id=77

[18] موقع الأونروا، برامج الأونروا، البنية التحتية وتطوير المخيمات، انظر:
http://www.unrwa.org/atemplate.php?id=84

[19] موقع الأونروا، أسئلة عامة، تمويل الأونروا، انظر:
http://secint50.un.org/unrwa/arabic/Asked/UN_Fund.htm

[20] أيمن طلال يوسف، اللاجئون الفلسطينيون وحق العودة في السياسات الأمريكية: من مبادرات الحرب الباردة إلى مقترحات كلينتون، موقع جامعة القدس المفتوحة، انظر:
http://www.qou.edu/homePage/arabic/magazine/issued15/research8.htm

[21] الجمعية العامة، الوثائق الرسمية، الدورة الرابعة والستون، الملحق رقم 13(أ)، تقرير المفوض العام لوكالة الأمم المتحدة لإغاثة وتشغيل اللاجئين الفلسطينيين في الشرق الأدنى، الميزانية البرنامجية لفترة السنتين 2010 /2011، نيويورك، 2009، انظر:
http://unrwa.org/userfiles/2010030325459.pdf

[22] James G. Lindsay, "Fixing UNRWA: Repairing the UN's Troubled System of Aid to Palestinian Refugees," Policy Focus no. 91, The Washington Institute for Near East Policy, January 2009, www.thewashingtoninstitute.org/templateC04.php?CID=306

[23] موقع الأونروا، لمحة عامة عن الأونروا، الأسئلة الأكثر شيوعاً، انظر:
http://secint50.un.org/unrwa/arabic/Asked/UN_Fund.htm

[24] موقع الأونروا، أسئلة عامة، تمويل الأونروا.

[25] المرجع نفسه.

[26] جريدة **الشرق الأوسط**، لندن، 2009/10/11.

[27] جريدة **الوطن**، قطر، 2009/11/12.

[28] وكالة غوث وتشغيل اللاجئين الفلسطينيين، موقع الجزيرة.نت، 2004/10/5، انظر:
http://www.aljazeera.net/NR/exeres/B560029D-3804-4F21-A19C-2648AB4EBCB1.htm

[29] الجمعية العامة، الوثائق الرسمية، الدورة الرابعة والستون، الملحق رقم 13(أ).

[30] المرجع نفسه.

[31] Laurie Blome Jacobsen, "Finding Means: UNRWA's Financial Situation and the Living Conditions of Palestinian Refugees," Fafo-report 415, p. 21.

[32] James G. Lindsay, op. cit.

[33] Ibid.

[34] *National Post* newspaper, 27/1/2010,
http://network.nationalpost.com/np/blogs/fullcomment/archive/2010/01/27/jonathon-narvey-ottawa-strikes-blow-against-reinforcing-failure-in-middle-east.aspx

[35] جريدة **الحياة الجديدة**، رام الله، 2010/3/3.

[36] رانيا مكرم، رؤية أمريكية جديدة لدور الأنروا، تقرير واشنطن، العدد 207، 2009/4/25، انظر:
http://www.taqrir.org/showarticle.cfm?id=1253

[37] علي عبد المنعم، وكالة "الأونروا" للاجئين... الجندي المجهول!، موقع إسلام أون لاين، انظر :
http://www.islamonline.net/servlet/Satellite?c=ArticleA_C&pagename=Zone-
Arabic-ArtCulture%2FACALayout&cid=1179664413899

[38] **الشرق الأوسط**، 2009/10/11.

[39] موقع وكالة الأونروا، 60 سنة من العمل مع البلدان العربية المضيفة والمانحة، انظر :
http://www.unrwa.org/userfiles/2010022664434.pdf

[40] موقع الأونروا، نشرة مستجدات وحدة المانحين العرب، العدد 2، تشرين الأول/ أكتوبر 2009-
شباط/ فبراير 2010، انظر :
http://www.unrwa.org/userfiles/201002243224.pdf

[41] موقع وكالة الأونروا، 60 سنة من العمل مع البلدان العربية المضيفة والمانحة.

[42] للاطلاع على تمويل الدول العربية لوكالة الأونروا: موقع وكالة الأونروا، 60 سنة من العمل مع
البلدان العربية المضيفة والمانحة.

[43] **مجلة العودة**، لندن، العدد 27، كانون الأول/ ديسمبر 2009.

[44] **الشرق الأوسط**، 2009/10/11.

[45] موقع الأزمنة، 2010/2/13، انظر : http://www.alazmenah.com/?page=show_det&id=2856

[46] **العودة**، العدد 30، آذار/ مارس 2010.

[47] الجمعية العامة، الوثائق الرسمية، الدورة الرابعة والستون، الملحق رقم 13(أ).

[48] المرجع نفسه.

[49] المرجع نفسه.

[50] المرجع نفسه.

[51] المرجع نفسه.

[52] المرجع نفسه.

[53] المرجع نفسه.

[54] المرجع نفسه.

[55] المرجع نفسه.

[56] المرجع نفسه.

[57] موقع وكالة الأونروا، لمحة عامة، نظرة شاملة.

[58] المؤسسة الفلسطينية لحقوق الإنسان (شاهد)، مذكرة إلى الرأي العام العالمي للتحرك العاجل لحماية
اللاجئين الفلسطينيين في العراق، اللاجئون الفلسطينيون في العراق... معاناة متواصلة، بيروت،
2005/5/25، انظر :
http://www.pahrw.org/Default.asp?ContentID=31&menuID=9؛ وسعيد سلامة،
"مأساة اللاجئين الفلسطينيين في العراق بدأت قبل نصف قرن و لم تنتهِ،" دائرة شؤون اللاجئين،
منظمة التحرير الفلسطينية، 2007/2/21، انظر :
http://www.plord.org/wsh/iraq/pictures/saidpaper.htm#_ftnref10

[59] خالد وليد محمود، فلسطينيو مصر... قراءة في المشهد، جريدة القدس العربي، لندن، 2008/9/17.

[60] شبكة الأنباء الإنسانية (إيرين)، 2006/6/21، انظر :

http://arabic.irinnews.org/ReportArabic.aspx?SID=103

[61] موقع وكالة الأونروا، لمحة عامة عن الأونروا، اللاجئين الفلسطينيين، انظر :

http://www.unrwa.org/atemplate.php?id=55

[62] انظر : موقع فلسطين بالعربية:

‹http://www.palestineinarabic.com/Maps/Other/Refugees2003.jpg

نقلاً عن موقع الجمعية الفلسطينية الأكاديمية للشؤون الدولية – القدس Palestinian Academic

Society for the Study of International Affairs, Jerusalem (Passia)، انظر :

http://www.passia.org/palestine_facts/MAPS/Refugees-UNWRA-2001.html

[63] موقع الأونروا، إحصاءات حول اللاجئين الفلسطينيين، انظر :

http://www.unrwa.org/userfiles/file/Resources_arabic/Statistics_pdf/uif_d09.pdf

[64] موقع الأونروا، برامج الأونروا، البنية التحتية وتطوير المخيمات، انظر :

http://www.unrwa.org/atemplate.php?id=84

[65] صبري حجير، الشتات، الجاليات، اللاجئون، موقع عرب 48، 2007/4/4، انظر :

http://www.arabs48.com/display.x?cid=11&sid=19&id=44304

[66] "اللاجئون في الأردن،" موقع مركز العودة الفلسطيني، انظر :

http://www.prc.org.uk/newsite/ar/refugee-camps-ar/palestinian-refugees-
jordan/170-2009-10-01-09-30-37

[67] موقع الأونروا، إحصاءات حول اللاجئين الفلسطينيين.

[68] موقع الأونروا، برامج الأونروا، برنامج التعليم، الخدمات المدرسية، انظر :

http://www.unrwa.org/atemplate.php?id=68

[69] موقع الأونروا، إحصاءات حول اللاجئين الفلسطينيين.

[70] موقع الأونروا، برامج الأونروا، برنامج الصحة، انظر :

http://www.unrwa.org/atemplate.php?id=71

[71] موقع الأونروا، إحصاءات حول اللاجئين الفلسطينيين.

[72] موقع الأونروا، برامج الأونروا، برنامج التمويل البسيط، انظر :

http://www.unrwa.org/atemplate.php?id=77

[73] موقع الأونروا، برامج الأونروا، برنامج التمويل البسيط، المنتجات والخدمات، انظر :

http://www.unrwa.org/atemplate.php?id=82

[74] موقع الأونروا، إحصاءات حول اللاجئين الفلسطينيين.

[75] الجهاز المركزي للإحصاء الفلسطيني، عشية العام الجديد 2010: الإحصاء الفلسطيني يستعرض أوضاع السكان الفلسطينيين في العالم نهاية عام 2009، 2009/12/29، في:

http://www.pcbs.gov.ps/Portals/_pcbs/PressRelease/pop_2009-A.pdf

[76] موقع الأونروا، إحصاءات حول اللاجئين الفلسطينيين.
[77] وكالة سما الإخبارية، 2009/11/7، انظر:
http://www.samanews.com/index.php?act=Show&id=54109
[78] موقع الأونروا، ميادين عمل الأونروا، إقليم الضفة الغربية، انظر:
http://www.unrwa.org/atemplate.php?id=144
[79] موقع الأونروا، برامج الأونروا، برنامج التعليم، الخدمات المدرسية، انظر:
http://www.unrwa.org/atemplate.php?id=68
[80] موقع الأونروا، إحصاءات حول اللاجئين الفلسطينيين.
[81] المرجع نفسه.
[82] المرجع نفسه.
[83] المرجع نفسه.
[84] موقع الأونروا، إقليم قطاع غزة، انظر: http://www.unrwa.org/atemplate.php?id=87
[85] موقع الأونروا، إحصاءات حول اللاجئين الفلسطينيين.
[86] المرجع نفسه.
[87] المرجع نفسه.
[88] المرجع نفسه.
[89] الجهاز المركزي للإحصاء الفلسطيني، عشية العام الجديد 2010: الإحصاء الفلسطيني يستعرض أوضاع السكان الفلسطينيين في العالم نهاية عام 2009.
[90] موقع الأونروا، إحصاءات حول اللاجئين الفلسطينيين.
[91] موقع الأونروا، ميادين عمل الأونروا، إقليم الأردن، انظر:
http://www.unrwa.org/atemplate.php?id=116
[92] "اللاجئون في الأردن،" مركز العودة الفلسطيني، انظر:
http://www.prc.org.uk/newsite/ar/refugee-camps-ar/palestinian-refugees-jordan/170-2009-10-01-09-30-37؛ وانظر: http://www.unrwa.org/atemplate.php?id=116
[93] جريدة **القبس**، الكويت، 2008/9/3.
[94] موقع الأونروا، إحصاءات حول اللاجئين الفلسطينيين.
[95] المرجع نفسه.
[96] المرجع نفسه.
[97] المرجع نفسه.
[98] جريدة **المستقبل**، بيروت، 2004/1/8.
[99] محسن صالح (محرر)، **أوضاع اللاجئين الفلسطينيين في لبنان** (بيروت: مركز الزيتونة للدراسات والاستشارات، 2008)، ص 23.
[100] موقع الجمعية الفلسطينية لحقوق الإنسان (راصد)، 2010/1/18، انظر:
http://www.pal-monitor.org/Portal/modules.php?name=News&file=article&sid=408

101 موقع الأونروا، ملف مخيمات لبنان، انظر: http://www.unrwa.org/atemplate.php?id=132

102 موقع الأونروا، إحصاءات حول اللاجئين الفلسطينيين.

103 المرجع نفسه.

104 المرجع نفسه.

105 موقع الأونروا، إقليم سورية، انظر: http://www.unrwa.org/atemplate.php?id=100

106 موقع الأونروا، إحصاءات حول اللاجئين الفلسطينيين.

107 موقع الأونروا، انظر: http://www.un.org/unrwa/arabic/Refugees/Syria/index.htm

108 طارق حمود، توجهات اللاجئين الفلسطينيين في سورية تجاه الأونروا مع مرور ستين عاماً على عملها، موقع فلسطيني، 2010/2/9، انظر: http://www.falestiny.com/news/4277

109 موقع الأونروا، انظر: http://www.un.org/unrwa/arabic/Refugees/Syria/index.htm

110 موقع الأونروا، إحصاءات حول اللاجئين الفلسطينيين.

111 المرجع نفسه.

112 المركز الفلسطيني للتوثيق والمعلومات، 2007/6/19، انظر:
http://www.malaf.info/?page=show_details&Id=649&CatId=24&table=pa_:
documents

113 موقع الأونروا، إحصاءات حول اللاجئين الفلسطينيين.

114 المرجع نفسه.

115 موقع الأمم المتحدة في سورية، وكالة الأونروا، انظر: http://un.org.sy/unrwa/index-ar.php

116 موقع الأونروا، إحصاءات حول اللاجئين الفلسطينيين.

117 المرجع نفسه.

118 See General Assembly Of The United Nation, resolution 302(4), 8/12/1949,
http://daccess-dds-ny.un.org/doc/RESOLUTION/GEN/NR0/051/21/IMG/
NR005121.pdf?OpenElement

119 علي هويدي، من يحمي اللاجئين؟ وما القوانين التي ترعى شؤونهم؟ الأوضاع القانونية للاجئين الفلسطينيين في الدول المضيفة، العودة، العدد 15، كانون الأول/ ديسمبر 2008.

120 الجهاز المركزي للإحصاء الفلسطيني، عشية العام الجديد 2010: الإحصاء الفلسطيني يستعرض أوضاع السكان الفلسطينيين في العالم نهاية عام 2009.

121 تجمع العودة الفلسطيني (واجب)، سورية، الأونروا وأزمتها المالية وتأثيرها على اللاجئين الفلسطينيين، انظر:
http://www.wajeb.org/index.php?option=com_content&task=view&id=710&Ite
mid=154

122 علي بدوان، وكالة الأونروا والأيدي الخفية الساعية لإنهائها، جريدة الوطن، قطر، 2009/12/9.

123 جريدة الخليج، الشارقة، 2009/8/3.

124 جريدة الأخبار، بيروت، 2009/12/3؛ وجريدة العرب، الدوحة، 2010/1/27.

125 مؤسسة شاهد، تصاعد الاحتجاجات المطلبية ضد الأونروا، من المسؤول عنها، ولماذا تتجه نحو العنف؟ مخيم برج الشمالي نموذجاً، 2010/1/26، انظر:

http://www.pahrw.org/Default.asp?ContentID=277&menuID=9

126 جمعية راصد، اللاجئ الفلسطيني بين تقاعس "الأونروا" وتعنت المسؤولين الفلسطينيين، 2009/11/16، انظر:

http://www.pal-monitor.org/Portal/modules.php?name=News&file=article&sid=386

127 المرجع نفسه.

128 وكالة قدس برس إنترناشيونال، 2009/11/19، انظر: /http://www.qudspress.com

129 مؤسسة شاهد، مذكرة إلى مدير عام الأونروا في لبنان بخصوص فوضى عارمة تجتاح أروقة الأونروا من محسوبيات، وهدر، وغياب للشفافية والنزاهة بشكل ملفت للانتباه، 2009/10/31، انظر: http://www.pahrw.org/default.asp?contentid=271&MenuID=7

130 جريدة السفير، بيروت، 2010/4/23.

131 مؤسسة شاهد، مذكرة إلى مدير عام الأونروا في لبنان.

132 مؤسسة شاهد، مذكرة إلى مدير عام الأونروا؛ ومؤسسة شاهد، "بعد أزمة نهر البارد: تحول خطير في طريقة عمل الأونروا في الشمال ومخاوف من انتهاء دور الأونروا مع انتهاء عملية إعادة الإعمار، وأسئلة كبيرة عن المصاريف الباهظة للموظفين الأجانب، ملاحظات على نظام برنامج الطوارئ الجديد"، 2009/4/10، انظر:

http://www.pahrw.org/Default.asp?ContentID=276&menuID=9

133 الجزيرة.نت، 2009/11/9، انظر:

http://www.aljazeera.net/NR/exeres/CEC60E8E-DD97-40AC-A749-A4B1C01F9534.htm

134 المرجع نفسه.

135 الجزيرة.نت، 2009/5/15، انظر:

http://www.aljazeera.net/NR/exeres/934C926A-38C8-409F-B2F5-CE693E08E9C7.htm

136 المرجع نفسه.

137 الجزيرة.نت، 2008/8/23، انظر:

http://www.aljazeera.net/NR/exeres/1E92BBFF-F5BD-4BAE-8AE5-E9CB71763AD8.htm

138 المرجع نفسه.

139 الجزيرة.نت، 2009/4/8، انظر:

http://www.aljazeera.net/News/archive/archive?ArchiveId=1174882

140 المرجع نفسه.

141 وكالة رويترز، 2009/2/4، انظر:

http://ara.reuters.com/article/newsOne/idARACAE5130OO20090204?sp=true

142 جريدة القدس العربي، لندن، 2009/1/29.

143 الجزيرة.نت، 2009/2/6، انظر:

http://www.aljazeera.net/News/archive/archive?ArchiveId=1168692

144 جريدة الأخبار، بيروت، 2010/2/22.

145 موقع جريدة منبر الرأي الإلكترونية، عمان، 2009/9/3، انظر:

http://www.manbaralrai.com/?q=node/46497

146 المرجع نفسه.

147 الجزيرة.نت، 2009/8/30، انظر:

http://www.aljazeera.net/NR/exeres/2CD39885-87A2-43D7-8637-
FA631FC686E0.htm

148 جريدة السبيل، عمّان، 2009/9/2.

149 جريدة البيان، دبي، 2009/9/7.

150 موقع المنظمة الفلسطينية لحق العودة (ثابت)، انظر:

http://www.thabit-lb.org/default.asp?MenuID=2

151 طارق حمود، ستينية الأونروا وانعكاسات الواقع السياسي الفلسطيني، العودة، العدد 27، كانون الأول/ ديسمبر 2009.

152 تجمع واجب، سورية، مشاريع توطين اللاجئين الفلسطينيين، انظر:

http://www.wajeb.org/index.php?option=com_content&task=view&id=392&Itemid=309

153 مصطفى إنشاصي، المخططات الأمريكية لإقامة الشرق الأوسط الجديد (7)، القضية المركزية للأمة "فلسطين"، موقع باريس القدس، انظر:

http://www.parisjerusalem.net/afnan/content/view/327/40/lang,arabic/

154 وثيقة، لجنة الأمم المتحدة للتوفيق بشأن فلسطين، موقع المجموعة 194، انظر:

http://www.group194.net/?page=ShowDocuments&DocId=423&TitleId=19

155 مصطفى إنشاصي، مرجع سابق.

156 المرجع نفسه.

157 خالد محمد صافي، "مشاريع التوطين للاجئين الفلسطينيين،" موقع دنيا الوطن، 2009/5/25، انظر:

http://pulpit.alwatanvoice.com/content-45624.html

158 المرجع نفسه.

159 تجمع واجب، مشاريع توطين اللاجئين الفلسطينيين.

[160] كمال القصير، "مشاريع توطين الفلسطينيين في الخارج،" الجزيرة.نت، 2008/1/2، انظر:
http://www.aljazeera.net/NR/exeres/BB7C7085-03F9-4EF1-9C34-DECC6E267036.htm

[161] Nur Masalha, "Israel & the Palestinian Refugees: An Historical Overview August 1948-1996," Paper presented at "The Palestinians in Lebanon" Conference, organised by the Centre for Lebanese Studies and The Refugee Studies Programme, Queen Elizabeth House, University of Oxford, 27-30/9/1996, Forced Migration Online (FMO), http://repository.forcedmigration.org/pdf/?pid=fmo:1618

[162] فجر عاطف، "حق العودة: إثباتات القانون ومخاطر السياسة،" مركز بيت المقدس للدراسات التوثيقية، انظر:
http://www.aqsaonline.info/le_3.php?id=1076&baab=7&kesm=18

[163] علي هويدي، اللاجئون متمسكون بها وبتطويرها: محاولات خنق الأونروا اقتصادياً تتسارع .. إلى أين؟، العودة، العدد 30، آذار/ مارس 2010.

[164] رمزي رباح، التمويل... بين الطموح والتحديات، سلسلة لقاءات الرؤى التنموية المعاصرة، جامعة بيرزيت – مركز دراسات التنمية، انظر:
http://home.birzeit.edu/cds/arabic/news/paper1.html

[165] زياد الشولي، مشاريع التوطين وحق العودة، باحث للدراسات، 2007/8/10، انظر:
http://www.bahethcenter.net/A.W/derasat/2007/10_8_machari3.htm

[166] تقرير الأونروا إلى اجتماع اللجنة الرباعية في عمّان [مقتطفات]، مجلة الدراسات الفلسطينية، بيروت، مؤسسة الدراسات الفلسطينية، المجلد 6، العدد 22، ربيع 1995، ص 231.

[167] اللقاء التنسيقي الإقليمي الأول في قبرص بين المؤسسات الأهلية العاملة في مجال الدفاع عن حق العودة للاجئين الفلسطينيين في كل من فلسطين التاريخية، لبنان، سورية، الأردن، أوروبا وأمريكا، إصدار المركز الفلسطيني لمصادر حقوق المواطنة واللاجئين – بديل (عضو الائتلاف الفلسطيني لحق العودة)، 2000/10/10، موقع الائتلاف الفلسطيني لحق العودة، انظر:
http://www.rorcoalition.org/meetings/103.pdf

[168] المرجع نفسه.

[169] زياد الشولي، مشاريع التوطين وحق العودة.

[170] المرجع نفسه.

[171] تقرير الأونروا إلى اجتماع اللجنة الرباعية في عمّان [مقتطفات]، مجلة الدراسات الفلسطينية، ص 229-231.

[172] المرجع نفسه.

[173] زياد الشولي، مشاريع التوطين وحق العودة.

[174] وثائق إعلان المبادئ الفلسطيني – الإسرائيلي، **مجلة الدراسات الفلسطينية**، بيروت، مؤسسة الدراسات الفلسطينية، المجلد 4، العدد 16، خريف 1993، ص 175-182.

[175] The Beilin-Abu Mazen Document, 31/10/1995, The Jewish Virtual Library, http://www.jewishvirtuallibrary.org/jsource/Peace/beilinmazen.html

[176] النص الكامل لمقترحات الرئيس بيل كلينتون، [اللقاء مع الرئيس كلينتون، البيت الأبيض، 2000/12/23]، **مجلة الدراسات الفلسطينية**، بيروت، مؤسسة الدراسات الفلسطينية، المجلد 12، العدد 45-46، ص 162-164؛ وانظر أيضاً:

Clinton's Farewell to the Middle East, Foundation For Middle East Peace – FMEP, Settlement Report, vol. 11, no. 1, January-February 2001, http://www.fmep.org/reports/archive/vol.-11/no.-1/clintons-farewell-to-the-middle-east

[177] ورقة موراتينوس: مقترحات الحل النهائي للصراع الفلسطيني – الإسرائيلي، موقع لبنان الآن، انظر:

http://www.nowlebanon.com/Library/Files/ArabicDocumentation/MA-Moratinos.pdf

[178] موقع جامعة الدول العربية، مبادرة السلام العربية، انظر:

http://www.arableagueonline.org/las/arabic/details_ar.jsp?art_id=1777&level_id=202

[179] The Ayalon-Nusseibeh Plan (The "People's Choice"), 27/7/2002, The Jewish Virtual Library, http://www.jewishvirtuallibrary.org/jsource/Peace/peoplesvoiceplan.html

[180] موقع مبادرة جنيف المشترك، نص مسودة اتفاقية الحل النهائي، 2003/11/1، انظر:

http://www.geneva-accord.org/mainmenu/arabic#_ftnref1

[181] المرجع نفسه

[182] علي هويدي، اللاجئون متمسكون بها وبتطويرها.

[183] خارطة الطريق، الجزيرة.نت، 2005/3/20، انظر:

http://www.aljazeera.net/NR/exeres/EDC305C2-6686-4A05-8159-CEE84F23D207.htm

[184] خارطة الطريق، موقع وزارة الخارجية الإسرائيلية، انظر:

/http://www.altawasul.com/MFAAR/important+documents/roadmap+plan

[185] مدينة في جنوب فرنسا تقع إلى الشمال من مدينة مرسيليا على ساحل البحر المتوسط.

[186] تشكلت مجموعة إكس في سنة 2002 برعاية جامعة بول سيزان-إكس-مارسيل الثالثة The University Paul Cézanne Aix-Marseille III في فرنسا، وبالتنسيق مع مركز بيريز للسلام The Peres Center for Peace في "إسرائيل" ومركز داتا للدراسات والأبحاث في السلطة الفلسطينية. ويترأس المجموعة البروفيسور جيلبرت بن حيون Gilbert Bin Huon من جامعة بول سيزان، ويترأس هذه المجموعة في الجانب الإسرائيلي البروفيسور آري أرنون، وصائب بامية عن الجانب الفلسطيني. وتضم المجموعة اقتصاديين وأكاديميين وخبراء وصناع السياسة من الفلسطينيين والإسرائيليين والعالم وأيضاً مسؤولين يشاركون كمراقبين.

[187] آريه أرنون وصائب بامية، الأبعاد الاقتصادية لاتفاقية الدولتين بين إسرائيل وفلسطين، مجموعة إكس، تشرين الثاني/ نوفمبر 2007، انظر:

http://www.aixgroup.org/ArEcoDimensions.pdf،

and Akiva Eldar, Refugees and Jerusalem: A question of Money, *Haaretz* newspaper, 24/11/2007, http://www.haaretz.com/hasen/spages/927203.html

[188] James G. Lindsay, op. cit.

Printed in the United States
By Bookmasters